徐州工程学院学术著作出版基金资助

徐州西汉文化视觉语境研究

The Visual Environment of Xuzhou Han Dynasties Culture

姚君洲／著

中国矿业大学出版社
China University of Mining and Technology Press

内 容 简 介

本书通过调查研究徐州两汉文化的视觉语境，从徐州两汉文化视觉元素和视觉借鉴设计的结合点出发，对各种风格中的视觉艺术进行比较和分析，对徐州两汉文化视觉元素的心理美学意义进行探讨，力图就徐州两汉视觉语境总结出借鉴设计的应用规律和对传统文化进行推广的方法，为现代视觉艺术设计研究提供启示和思路，为中国现代设计艺术的发展提供艺术借鉴元素，同时也为我们借鉴中国传统艺术提供有益史料依据。

图书在版编目(CIP)数据

徐州两汉文化视觉语境研究/姚君洲著. —徐州：中国矿业大学出版社，2017.12

ISBN 978-7-5646-3877-1

Ⅰ. ①徐… Ⅱ. ①姚… Ⅲ. ①文化史—研究—徐州—两汉时代 Ⅳ. ①K234.03

中国版本图书馆 CIP 数据核字(2017)第 326944 号

书　　名　徐州两汉文化视觉语境研究
著　　者　姚君洲
责任编辑　孙　浩　齐　畅
责任校对　孙　景
出版发行　中国矿业大学出版社有限责任公司
（江苏省徐州市解放南路　邮编 221008）
营销热线　(0516)83885307　83884995
出版服务　(0516)83885767　83884920
网　　址　http://www.cumtp.com　**E-mail**:cumtpvip@cumtp.com
印　　刷　江苏凤凰数码印务有限公司
开　　本　787×960　1/16　**印张** 13.25　**字数** 252 千字
版次印次　2017 年 12 月第 1 版　2017 年 12 月第 1 次印刷
定　　价　35.00 元

序 一

世纪之交，姚君洲到无锡轻工业学院（现为江南大学）本科深造，10年之前，他又回到母校攻读硕士、博士并学有所成，其渐臻成熟的学术思想和研究体系主要体现在“立足本土、放眼世界，关注昔今、展望未来”等由微见宏之境界。尤其是经过几番深思熟虑，他当时选定的硕士学位论文撰写题目便是《徐州两汉文化视觉设计元素初探》，从那时起，他就对这一研究课题投缘、感趣。

大家现在手上捧读的《徐州两汉文化视觉语境研究》得到徐州工程学院学术著作出版基金资助。洋洋洒洒道来20万字，便是君洲在那篇硕士论文基础上不断丰富、提炼的成果；点点滴滴汇成一本专著，即是君洲这段时期悉心钻研的结晶。

正如该书中所言：徐州是两汉文化的发源地，是汉开国皇帝刘邦的故乡，也是其后代徐州13位楚王、5位彭城王的领地和墓葬所在地，并发现有多位汉代贵族的墓葬，文化古迹众多。徐州是两汉文化遗存最为集中丰厚的地区之一，汉墓、汉画像石、汉兵马俑并称中国“汉代三绝”，两汉文化是徐州成为国家历史文化名城的主要历史内涵。因此史学界有学者认为“明清看北京、隋唐看西安、两汉则要看徐州”。因此，君洲之潜心研究自有其深远的历史意义。

姚君洲写这本书，其宗旨是想通过对各个代表性汉墓、画像石及其他出土物品的图形及纹样的研究，系统地梳理徐州地区两汉文化基本视觉元素，以便为当今包括视觉传达、建筑设计、服装与服饰设计等领域在内的艺术设计提供借鉴和依据，力图在阐明适用于现代视觉艺术设计方面的借鉴对象种类及其对人的生理、心理上的影响和社会意义，使其产生更高艺术价值的同时，提供一些有价值的启示和思路，并总结出借鉴设计的应用规律。故而，姚君洲之借题发挥更有其现实的可推广应用价值。

是文作序，拟词为贺（借调《如梦令》）：

民族传文开源，丰存遗迹境探。
两汉徐州看，墓俑画像绝叹。
绝叹，绝叹，视觉元素启鉴。

江南大学设计学院博士生导师　李亮之教授
2017年10月23日于上海

序　二

两汉是继秦朝之后，古代中国又一个大一统的朝代，作为汉代开国皇帝刘邦的故乡，徐州是两汉文化的发源地，亦是随后13位楚王及5位彭城王的领地。两汉分为西汉和东汉两个阶段，横跨400余年，不仅在政治、经济等方面取得了巨大的成就，在文化艺术方面，两汉更创造出了极为丰富的内容和形式。徐州是两汉文化起源和兴盛的主要区域，所谓“两汉看徐州”表达的正是这样的意义。新中国成立以来，在徐州地区发掘了数量可观的汉代墓葬，出土了一批又一批的两汉文物，诸如汉画像石、泥模、兵马俑以及漆器等。这些优秀的文化遗产，在现代艺术视野与设计视觉语言环境下，显现出大量可视的非物质设计艺术语言。

姚君洲博士的《徐州两汉文化视觉语境研究》一书顺应了历史潮流，以振兴和创新优秀传统文化为己任，首先从宏观的视角考察了徐州两汉文化的艺术发展历程，并重点解读其视觉艺术的诸多表现形态，美不胜收，对现代艺术设计也极有启示作用。例如产生于西汉中晚期的画像石雕刻技法，作者从工艺美术的角度，指出这种石雕在内容上沿袭了历代绘画，在技法上则借鉴了玉器的雕法，从而形成了崭新的石刻技艺的艺术形式，在风格上上承先秦绘画古朴之风，下开魏晋风度艺术之先河；而两汉兵马俑，其艺术表现形式均采用泥模手法及合模技术烧制而成，造型形态各异，种类多变，表现手法夸张、简洁、明快，对后世的雕塑艺术表现影响深远。通过作者注重细节而又不失专业的阐述与解读，徐州两汉的这些具有代表性的视觉艺术被一一呈铺在我们的面前。

另一视角，作者将研究的视角转入微观，着手对徐州两汉文化中的罐、阙、兵马俑、画像石等典型艺术形态进行具体的视觉艺术提炼，集中表现在对廓形、比例、构图等形式的抽象上。例如瓦当的视觉元素，作者通过绘制大量图示的方法，抓大放小，抽象和提炼出瓦当的结构与造型，并将其归纳提炼。透过作者细致入微的阐述与解读可见，当时这些器具的设计与制作者已经具备了极高的艺术审美和实践能力，同时作者重点研究了这一传统艺术在现代视觉传达设计中的创新应用，并将其细化为标志设计、广告招贴设计、包装设计等具体设计行为。

该书的灵魂在于：徐州两汉的文化艺术，有别于西方艺术强调形象和比例的形式审美趣味，重"写意"而不重"写实"，亦即，重"表现"而不重"再现"，追求"以意传神"的艺术境界。而这种传统的设计思维与风格，值得现代设计者，尤其是本土设计者的学习与借鉴。此外，针对徐州两汉文化视觉元素设计与现代视觉传达设计原则之间的关系问题，作者对比研究发现，二者其实是一种近似、吻合的关系，并无矛盾之处。因此，将徐州两汉文化的视觉艺术符号并接到现代视觉传达设计的语境中来，不管是从艺术设计意义的提升上，还是从具体的操作层面来看，都是切实可行的。

习近平总书记在党的十九大报告中提出，要"加强文物保护利用和文化遗产保护传承"，"提升文艺原创力，推动文艺创新"。中华民族五千多年文明历史所孕育的优秀传统文化，尤其是其中大量具有时代性和代表性的艺术文化，是当今本土的设计师们取之不尽、用之不竭的艺术灵感源泉。作为艺术与设计的研究和实践者，一方面，我们有义务去传习这些宝贵的传统文化遗产，挖掘其潜藏着的、深层次的文化内涵和精神语义；另一方面，我们有责任为现代的艺术与设计工作积极寻找和提供新的参考语汇，积极提升中国设计的原创力。姚君洲博士正是扮演着这一重要的传习与创新角色，通过自身的理论研究与创新实践，试图将徐州两汉文化中的艺术符号并接到现代视觉传达的设计语境中来，积极解读和重现中华民族优秀传统文化中的艺术形态和艺术魅力，努力构建具有中国特色的现代艺术设计思维与风格。

是为序！

江南大学纺织服装学院博士生导师　崔荣荣教授
2017年10月于无锡

序　三

姚君洲博士的新著《徐州两汉文化视觉语境研究》就要出版了，这真是件让人高兴的事情。我与君洲既是同乡，又有同门之谊，对于汉文化我们更抱有浓厚的学术兴趣。一直以来，对中国两汉时期的农业文明视觉审美文化的整理与研究仍较为薄弱，今天，看到君洲集数年之功，以徐州为背景展开的两汉文化视觉语境的研究已经结成硕果，感佩之情油然而生。

徐州是两汉文化遗存最为集中的地区之一，徐州的汉墓、汉画像石、汉兵马俑素有“汉代三绝”之谓，可以说，两汉文化是徐州的主要历史文化内涵。在写作《徐州两汉文化视觉语境研究》过程中，君洲博士把考辨史料与田野调查相结合，融合了历史文本、图像、风格分析、考古等多种方法，从徐州两汉文化的视觉元素与现代设计的融合点切入，对徐州两汉文化视觉元素的美学意义和社会意义展开探讨。

本书开篇即阐明徐州两汉文化视觉语境研究的意义和现实必要性，将两汉时期民族传统元素引入现代设计艺术是君洲在本书中所关注和强调的，以期为中国现代设计艺术的发展提供艺术借鉴元素，同时也为我们借鉴古代传统艺术提供有益依据。在梳理了徐州两汉历史文化衍变的基本脉络之后，本书又较为详尽地论述了徐州两汉视觉艺术的表现形态与工艺手法，这包括汉画像石的绘刻、兵马俑的烧造、漆器工艺的图案造型与色彩、墓葬建筑的形制结构等，并对其进行统计和分析。

在对艺术本体研究的同时，姚君洲博士尤其注重考察两汉时期的社会人文、生产生活与民风民俗，从而使两汉文化视觉研究不脱离原本的社会与文化语境。写作过程中,作者将徐州两汉视觉艺术风格与国内外艺术风格做了横向关联、比较,这让我们能够从世界视觉艺术的格局角度来观照徐州两汉的视觉艺术,有助于我们认识不同区域间视觉艺术风格所存在的差异性。

姚君洲博士有很强的学术敏感性,他总能发现学术研究领域里的新问题,并将其与自己的专业兴趣深度地结合起来,这使得他的研究视角总是很独特,而且富于创见。他的新著《徐州两汉文化视觉语境研究》,为我们的学术研究提供了启示和新的研究思路。

期待他新的研究成果奉献给大家。

是为序。

南京大学中华图像文化研究所　杨小民研究员

2017 年 10 月 28 日于南京

目　录

1 绪　论

1.1 徐州两汉文化视觉语境研究目的和意义

1.1.1 研究目的

21世纪是本土文化与世界多元文化相融合的世纪，是全球商业大发展的世纪。全球经济繁荣发展，科学技术和文化艺术得到广泛普及，民族文化受到高度尊重和保护，民族传统艺术的研究同时也得到了足够的重视。如何继承和发扬人类民族性古老传统文化艺术，就变得尤为重要。作为中国两汉文化的发源地——徐州，以其历史文化悠久、文物古迹众多，引起国内外学者的广泛重视。

徐州两汉文化艺术底蕴深厚，艺术研究价值极高。但如何充分运用徐州两汉文化艺术中的民族传统元素与现代艺术设计的关联性，将中国传统艺术与现代设计结合起来，为中国现代艺术设计之路贡献微薄之力，还需要我们继续进行深入研究。以史为鉴，面向未来是当前摆在我们面前的课题，关键点就是继承和发展。

本研究尝试从视觉艺术和借鉴设计的结合点进行切入，通过实地考察研究两汉文化的发展历史，对各种风格的视觉艺术特征进行比较和分析，力图就具体的视觉艺术特征总结出借鉴设计的应用规律，并通过对徐州两汉文化艺术的心理美学意义的探讨，总结出适用于现代视觉设计方面的借鉴对象种类及其对人的生理、心理上的影响和社会意义，使其产生更高的艺术价值，同时也为现代视觉艺术的设计研究提供一些启示和研究思路。

1.1.2 研究意义

设计是人类有目的的一种创造性活动，而借鉴是创造的第一步。中国古老文化是人类文明的发源之一，同时它也是人类文明和文化发展的基石，形成了人类文明发展的动力脉搏，从中我们可以总结借鉴多种巧妙的方式和方法，来解决我们在设计上遇到的问题。为此，在向水平相对领先的西方现代艺术设计学习的同时，更要充分借鉴创意思维源泉——中国古老文化艺术，并以此为根基进行深入研究。要通过对徐州两汉文化艺术的研究，打破视觉设计中模仿多、创新少、无文化底蕴的现状，挖掘徐州两汉文化的历史价值，弘扬民族传统艺术，探求徐州两汉文化的艺术价值，研究徐州两汉文化中的民族传统艺术与现代视觉艺术设计的关联性。

1.2 徐州两汉文化视觉语境研究内容和方法

1.2.1 研究内容

研究内容包括：现代视觉艺术元素的挖掘——徐州两汉文化元素；对现有相关视觉艺术的设计作品统计分析；徐州两汉文化元素心理意义调查。

现代意义上的视觉艺术设计包括我们所能看到的视觉艺术表现形式，如平面设计、服装设计、服饰设计、装饰设计等，涵盖的范围很广，不是狭义上的平面设计（视觉传达设计）。因此，需要再次诠释视觉艺术和视觉传达设计的概念。

从历史的角度，探讨借鉴的意义，了解现代视觉设计的历史变化，探求影响现代视觉艺术的设计主要因素。

从借鉴的成果——现有的现代视觉艺术的设计方向进行研究，对徐州两汉文化历史上的视觉艺术元素方面有关的类型进行统计整理，并从借鉴的抽象程度、种类等角度进行分析总结，从中找寻现代视觉艺术的设计具体规律。

从借鉴的角度进行研究，分析总结涉及的视觉艺术元素的类型、生理特征、心理和美学意义等，并尝试结合徐州两汉文化艺术设计元素，探求有我国特色的现代视觉艺术表现特征。通过对徐州两汉文化艺术价值的推广，研究如何更好地促进现代视觉艺术设计的发展，更好地塑造徐州两汉文化价值体系，弘扬徐州两汉文化艺术。

1.2.2 研究方法

研究方法主要分为两部分：

资料收集部分：书面资料收集，主要是通过查阅大量的两汉文化（特别是视觉方面）的书籍、杂志等，收集与设计有关的知识，通过涉猎有关美学、认知心理学、创造学、符号学等方面的知识，为分析有关徐州两汉视觉艺术元素作理论准备。电子资料收集，主要是通过浏览互联网上有关现代视觉艺术方面的相关信息，寻找对传统艺术借鉴的实例与新的研究动态，作为书面资料的有力补充。实地考察，主要是通过参观徐州各个汉墓和相关景点、民间走访，实地见证一些徐州两汉文化艺术元素并对其进行收集整理，以及对周围人群的提问来考察印证徐州两汉文化艺术的影响力情况。问卷调查法，主要是在对已收集资料进行一定程度的分析之后，对徐州两汉文化的心理和美学意义进行调查，以便整理出徐州两汉文化中艺术元素被人们普遍接受的符号特征，为我们借鉴中国传统艺术提供有益的史料依据。

资料分析部分：统计分析法，通过对所收集的徐州两汉文化元素中艺术设计手法的不同侧面进行总结分析，归纳出现代视觉艺术在设计领域中借鉴手法的应用规律。历史分析法，通过对一定历史条件下的徐州两汉文化与艺术历史的变迁情况的梳理，总结出当代视觉艺术的设计特征，并对其发展趋势进行预测。演绎法，主要是通过对现代视觉艺术的设计领域采用借鉴手法的应用规律进行总结，将其演绎提升到现代视觉艺术设计的一般规律。

2　徐州两汉历史文化概述

徐州古称彭城，为华夏九州之一，已有2600多年的建城史。徐州位于江苏省西北部，是苏北最大的城市，也是淮海经济区的中心城市。京沪、陇海两大铁路干线在这里交会，作为“北国锁钥”、“南国门户”，自古便为兵家必争之地，素称“五省通衢”。徐州是汉代开国皇帝刘邦的故乡，为中国两汉文化的发源地。两汉时，楚王地理管辖范围东濒大海、西接中原开封、北扼齐鲁泰山、南抵江淮（见图2-1、图2-2）。徐州历来钟灵毓秀、藏龙卧虎。养生学的鼻祖彭祖、汉代开国皇帝刘邦、西楚霸王项羽、唐代诗人白居易、一代文豪苏东坡、南宋文天祥、清代方孝孺和潘季驯、当代国画大师李可染和著名音乐家马可都曾在徐州生活或任职过。特别是徐州的两汉文化博大精深，汉代分为西汉和东汉，两个时期400余年历史，为研究中国两汉传统艺术提供了广阔的空间。

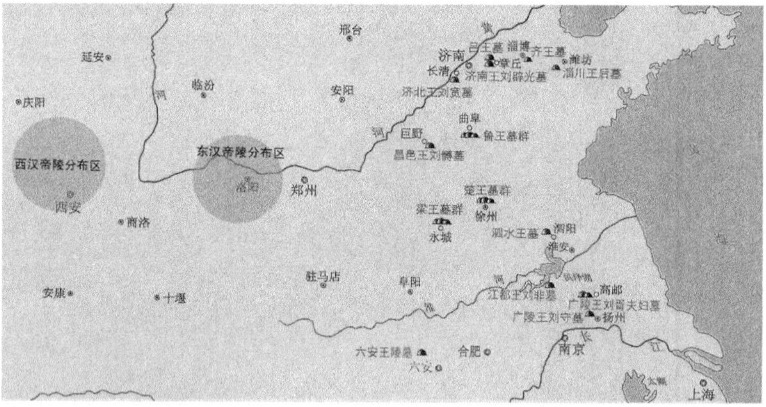

图2-1　我国发现西汉诸侯墓葬分布图

2.1　社会大背景

当传统成为一种程式乃至经典时，在此基础上的艺术创新往往要承受各种压力。毛里求斯国家美术馆主席希什库马尔·西托胡尔认为，艺术创新必须具

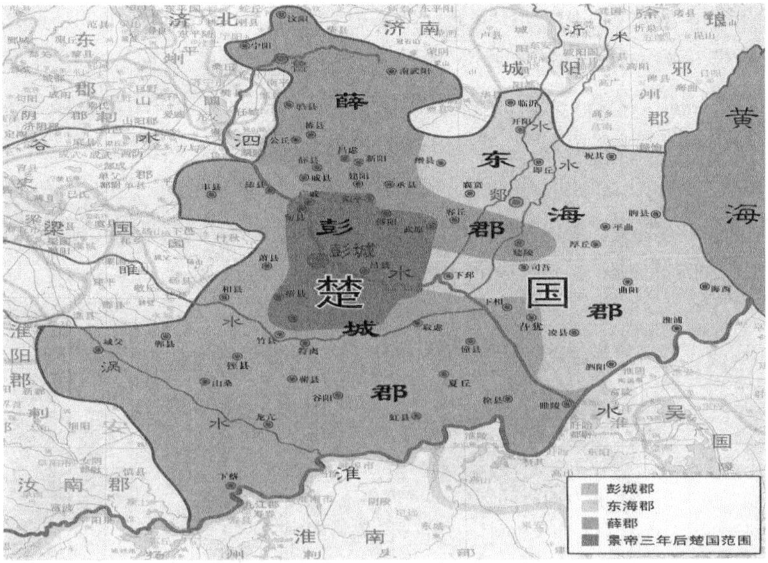

图 2-2　西汉前期的楚王国界示意图

备持之以恒的献身精神，由于艺术风格的可变性决定了艺术变革往往会受到保守主义、工艺技术、经济等复杂因素的影响。但同时他又指出，艺术创新并不会由于这些因素的制约而停止，它主要依赖于艺术家的行动、思想。美国当代著名艺术家汤姆·比克纳也对此颇为认同，他认为当历史传统限制了艺术的发展空间时，此时对传统的回应即是创新。创新需要对过去的辉煌拥有足够的尊重，但不意味着依赖过去的辉煌。伟大的艺术家之所以伟大，就在于其在继承传统的同时，不断超越自我。

活跃于世界艺坛的中外艺术家大胆探索，既反映本国传统文化精神，也力图寻求传统文化在全球化语境中自我发展和自我更新的可能性，从而为当代世界艺术提供新的经验和样式。创新这个主题得到了中国文联党组书记李树文的认同。他说，中国有着 5000 年的文明史，但在新的世纪、新的时代，我们更期望为世界艺术的发展做出新的贡献。我们珍视自己悠久灿烂的文化，也同样珍视世界各国优秀的文化成果，我们倡导在文化上相互借鉴，共同繁荣。因此我们有必要去进一步去了解和研究徐州两汉文化艺术。

2.2　徐州两汉文化的历史发展状况

目前徐州发现和发掘的两汉文化古迹众多，如：狮子山楚王陵、狮子山兵马俑、北洞山地下宫殿、龟山地下宫殿、拉犁山地下宫殿、茅村汉墓、贾汪汉墓、范增墓、项羽的戏马台、刘邦的拔剑泉、张良地桥授书处和子房山等。以“汉代三绝”——汉兵马俑、汉墓、汉画像石为代表的两汉文化最为夺目，极具艺术欣赏和考古价值(见图 2-3)。狮子山楚王陵出土的金缕玉衣、铁铠甲、玉棺、枕盒、玉豹；小龟山楚王墓出土的水晶带钩、刘注印，火山汉墓出土的银缕玉衣，土山汉墓出土的鎏金兽形砚，睢宁刘楼汉墓出土的铜牛灯等珍贵文物，皆属国宝(见图 2-4 至图 2-6)。两汉 400 年间，徐州共有 13 位楚王、5 位彭城王，大概有 18 座王陵墓葬。

图 2-3　楚王陵汉兵马俑军阵

刘邦的主要文臣武将是“丰沛集团”的两汉开国功臣。楚王刘交与其兄弟刘邦关系甚密，楚国位于诸侯之首，是控制全国的东方轴心；徐州处于齐鲁文化、中原文化、楚文化的交会点，“齐文楚武”，徐州正是文武消长的枢纽；两汉时期徐州人在经学、文学、目录学等方面均做出标志性成就。两汉文化是徐州成为国家历史文化名城的主要历史内涵，所以史学界有“明清看北京、隋唐看西安、两汉看徐州”之说。西汉在徐州共有 18 位诸侯。这些诸侯、王妃以及列侯、重臣、豪门望族死后都埋在这里。深入研究徐州的两汉文明，对于汉史的认知和理解不亚于拜读司马迁、班固、范晔的史学专著。海内外汉学者和刘氏、彭氏宗亲及世界各地华侨纷纷来到徐州，一位著名学者说，中华民族的主体叫汉族，使用的语言叫汉语，书写的文字叫汉字，这些都与历史上汉王朝的强盛有关。

图 2-4 楚王墓出土的枕盒

图 2-5 楚王墓镶玉漆棺坠落的玉片及玉器

图 2-6　金缕玉衣

2.3　徐州两汉文化的艺术发展进程

徐州两汉文化的艺术种类很多，如铜镜、服装、雕塑、漆器、陶瓷、玉器、建筑、戏曲等，本书主要从工艺美术的角度来进行研究。徐州两汉时期的工艺美术现存文物主要集中在这一时期的墓葬中。我们从墓葬的建造年代可以有代表性地来了解。

2.3.1　狮子山楚王陵

狮子山楚王陵是西汉的第三代楚王刘戊的陵墓，位于其西侧 300 米远的汉兵马俑则是它的一个组成部分，象征着卫戍楚王陵的部队。楚王陵位于徐州东郊南麓，凿石为室，穿山为藏，墓室嵌入山腹内深达百余米。其庞大的规模、恢宏的气势、奇特的建筑结构，无不令人叹为观止，在国内外引起了轰动。

1994 年 12 月至 1995 年 3 月，继汉兵马俑之后，考古工作者又发现了楚王陵，使得狮子山地区一举成为全国瞩目的旅游热点，被列为 1995 年中国十大考古发现之首。楚王陵是仿造地面宫殿的建筑群体，结构复杂，整座陵墓呈南北中轴对称式布局。其中庖厨间、洗浴室、御府库、御敌库、钱库、印库、前堂厅等生活设施一应俱全，再现了西楚汉王的奢侈生活，也印证了汉代盛行的“视死如生”的丧葬观。虽然陵墓曾被盗掘，但墓中依然出土了各类随葬器物 2000 多件(套)，著名的金缕玉衣就出土于此。

楚王陵墓是模仿地面宫殿的建筑群体，结构复杂，形制奇特。整座陵墓呈南北中轴线对称式建筑布局，从外到内依次为三层露天垂直墓道、天井、耳室、墓门、甬道、侧室、前堂和后堂等。其中包括棺室、礼乐房以及楚王嫔妃陪葬室等大大小小墓室 12 间，其设施结构一应俱全，再现了西楚汉王奢侈的生活场景。

该墓总长 117 米，总面积 851 平方米，由内墓道(见图 2-7)、外墓道(见图

2-8)、天井和主墓室4个部分组成,不仅规模庞大、气势恢宏,奇特的结构更是独树一帜,前所未有。墓门通常是带有朱雀、龙、虎的铺首衔环,墓中出土了金、银、铜、铁、玉石、陶等质地的各类珍贵文物。200余件巧夺天工的玉器更是价值连城,件件堪称国宝(见图2-9至图2-12)。尤其珍贵的是,科学工作者根据墓中残留的楚王遗骨,成功地复原了2100年前一代楚王的形象。狮子山楚王陵的发掘,填补了西汉初年东方汉文化研究的一大空白,其雄浑博大的汉代特色更令后人叹为观止。

图2-7 狮子山楚王陵内墓道挖掘现场

最有名气的是徐州狮子山楚王陵金缕玉衣,共使用了4248片玉片,金缕1576克。据介绍,这件金缕玉衣目前有很多全国之最。年代最早:入土年代不晚于公元前154年,距今2000多年。玉片最多:在国内已发现的玉衣中,一般所用玉片少于3000片,而此件玉衣玉片达4248片。玉质最好:玉衣全部用新疆和田白玉、青玉组成,温润晶莹。工艺最精、保存最好:这些玉片最大的0.1平方米,最小的不到0.01平方米,且非常薄,有的仅厚0.001米,玉片的表面抛光光洁度很高,打孔工艺也规范,修复后的金缕玉衣,长1.74米,从头到脚连成一体,非常像古代的盔甲。由于玉片与金丝的长期接触,有些玉片已泛黄色,而有些玉片在散落后落到铜器上,所以就呈现出明显的翠绿色。该金缕玉衣现存徐州博物馆。

在2000多年前的西汉,从遥远的新疆运来玉料,再对每块玉片钻孔和磨光,编缀玉片还需许多特制的金丝,制成一套"金缕玉衣"所费的人力物力十分惊人。但对永生的狂热追求,导致了玉衣等丧葬用玉制度的高度发达。西汉人认为,魂

图 2-8　狮子山楚王陵挖掘现场外墓道图

与魄互相依存，而魄依附于身体，只要身体不朽，人就可以留住魂魄，在阴间延续原来的生活。王侯贵族们相信美玉凝聚了天地之精华，穿上玉衣便可尸身不腐，因此他们死后不仅穿上玉衣，连头部的七窍，甚至下阴和肛门，都配有玉罩或玉塞。葬在狮子山的这位楚王穿着玉衣长眠在玉棺中。玉棺长 2.8 米，宽 1.1 米，高1.08 米，一面髹漆，一面镶贴各种形状的玉板，玉板数量达 2095 块(复原后)，镶玉面积接近 9 平方米，且多是来自新疆玛纳斯河流域的碧玉。玉棺由棺体和棺盖两部分组成，为外棺。其内还有一套彩绘漆木棺，彩绘漆木棺内放置由金缕玉衣包裹的楚王尸体。如果把金缕玉衣也看作一副亲尸的棺材，那么这位楚王使用 3 套棺材，符合礼制关于诸侯王三棺的规定(见图 2-13)。镶玉漆棺制度所耗费的财力是诸侯国乃至西汉中央王朝都难以承受的，东汉朝廷规范葬玉制度，保留了玉衣，摒弃了玉棺。因此考古发掘中玉棺比玉衣更为罕见，据考证狮子山楚王陵出土的玉棺是全国出土的第二具玉棺。

图 2-9 狮子山楚王墓 W1 室内出土玉器群及漆器、银器和铜器

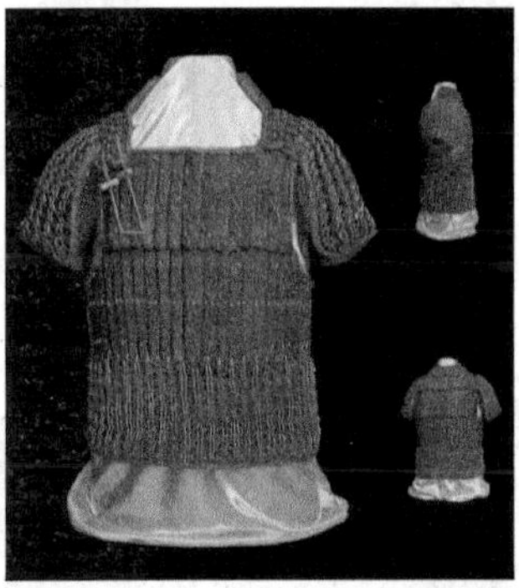

图 2-10 狮子山楚王陵出土铁札甲

2.3.2 汉兵马俑

1984 年 12 月，徐州东郊狮子山附近出土了 4800 多件西汉时期的彩绘兵马俑，其数量之多，规模宏大，实属罕见。这批分布于 6 条俑坑、总数 4000 多件的陶俑群反映了西汉初年分封在徐州的楚王国军队的整体建制。一号坑前段全部放置站式俑，共 516 个，后段有陶俑约 500 件；二号坑前段放置各式陶俑 832 件，后段残存以跪座式俑 474 件；三号坑尚未发掘；四号坑内有俑仅 10 余件，且多遭破坏（见图 2-14）。

图 2-11　狮子山楚王陵出土楚王玉带金扣

图 2-12　狮子山楚王陵出土楚王玉龙

图 2-13　狮子山楚王陵出土楚王镶玉漆棺

据初步推测，此墓的主人为汉代分封到徐州的某一楚王，这批陶俑是楚王拥有军事力量的缩影。狮子山兵马俑的发现，对研究当时的墓葬制度，兵俑的装备

图 2-14 楚王陵兵马俑

和组成，骑兵、车兵的建制和运用等提供了重要资料。徐州汉兵马俑，由于主人只是臣属于中央王朝的一个诸侯王，不可能制作秦俑那样规模巨大、形象逼真的陶俑。兵马俑在色彩上运用大胆，广泛使用朱红、大红、蓝、黑色等，在色彩运用和工艺制作上都与前代有所突破。特别是工艺上，楚国工匠们借鉴了古代青铜器的制作工艺，在泥土烧制过程中采用了合模制法（见图 2-15）。人物结构进行了分解，头、手、脚、兵器分别烧制，然后组装而成。

从制作工艺上讲，兵马俑是用模子制作出来再经二次加工塑造成的，大小差不多。当作者蹲在坑旁细细观察时发现，它们的表情惟妙惟肖、千姿百态。它们当中有的昂着头、有的张着嘴、有的仰着身子。有的仿佛性格粗犷、情不自禁地在号啕大哭，而身边的两位一个探过头来，一个侧过脸来，像是在安慰劝说正在

图 2-15　站式兵马俑

号哭的人。有的则是低着头、皱着眉、嘴角向下撇，显出性格内向、默不作声的悲郁神情。这与整体庄严肃穆的军队主题好像是不相吻合的，但显然它又是整个俑阵的一部分，反映的场面让人深思。徐州汉兵马俑在继承了秦俑风格的基础上加以发展，汉兵马俑由写实转变为写意，人物造型不注重线条表现，服饰造型也很简单，没有像秦兵马俑着盔甲者居多，而是身着棉的对襟上衣和缩腿下装；更不重视人物的身高比例是否准确，而侧重于人物的内心世界和精神风貌的展现(见图 2-16)，这不能不说是当时的一大进步。

图 2-16　汉兵马俑

2.3.3 龟山汉墓

徐州龟山汉墓位于徐州西北约9千米鼓楼区内，龟山西麓，为西汉第六代楚襄王刘注（？～公元前117年）夫妻合葬墓。徐州龟山汉墓是1981年2月由当地农民开山采石首次发现。1985年文物普查工作中征集了该墓出土的龟钮银印（见图2-17），从而揭开了墓主人的身份之谜。

图2-17 徐州龟山汉墓出土的龟钮银印

发掘结果表明，这座庞大的地宫其实是由楚王刘注夫妇的陵墓并列构成的，而每座陵墓又分别由墓道、甬道和墓室3部分构成（见图2-18）。墓道开凿在龟山西麓，上口露天，东端与甬道衔接，应是送棺入墓的通道；而甬道、墓室全部筑在山腹内。墓葬东西全长83.5米，南北最宽处达32米，总面积达500余平方米，几乎掏空了整个山体。

图2-18 徐州龟山汉墓结构示意图

从徐州龟山汉墓内安装的现代激光测量仪发出的一束红光，可以惊叹地发现甬道沿中心线开凿误差仅5毫米，精度为1/10000，两甬道水平误差仅8毫米，精度1/7000（见图2-19至图2-20）。15间墓室，室室相通，大小配套，主次分明。

图 2-19　徐州龟山汉墓甬道入口

图 2-20　徐州龟山汉墓甬道

墓道和甬道各 2 条，开口在同一水平线上，东西平行，南北相距 14 米。在墓道、甬道中发现了大小、形状基本一致的大条石 20 余块，每块长 2 米左右，宽高各 1 米，成排有规律地置放，当是用于封闭通道的"塞石"。甬道作隧道形，全长 56 米，宽 1.06 米，高 1.77 米，做工十分精细，壁面皆打磨光滑，且东西两边有宽深各 10 厘米的水槽，与墓室中的排水槽相连，各水槽又根据各室位置的高低之差，向前向中汇集，墓内的积水分别通过南北甬道的排水槽流出墓外，构成整个墓葬严谨而科学的排水系统(见图 2-21)。

南北甬道内填单列双层塞石以防盗，在南甬道东端的第一列上层塞石立面上发现刻铭 9 行 44 字："楚古尸(夷)王通于天述；葬棺椁不布瓦鼎盛器，令群臣、已葬去服，毋金玉器。后世贤大夫幸视此书。目此也心者悲之。"文字一次刻凿而成，篆书带隶意，苍劲质朴，力透石背，对研究书法史具有极高的价值。刻铭内容讲的是楚王标榜的薄葬节俭思想，同时暗示陵内无金玉宝物，欲起到护墓保平安的作用，而实际上却是自欺欺人，乃"此地无银三百两"之属，徒遗后世笑柄。

2 条甬道后共有 15 个墓室，除 4 个坐落在甬道两侧外，其余 11 个墓室均集

图 2-21 徐州龟山汉墓内部结构

中在甬道之后，各有过道相连，但结构上应分属于 2 座墓葬。北墓有 5 个墓室；南墓有 10 个墓室；北墓室多作拱形顶，而南墓室则凿成两面坡或四角攒尖顶。两墓虽同属一组建筑群，却有主次之分。据随葬品的出土情况，南墓中有御手俑、马俑及车马器(见图 2-22)，而北墓多有石黛板、玉环等佩饰件。在结构和规模上，南墓的墓室数量明显多于北墓，面积也较大且畅旷讲究，其前中后三主室处于整个地宫的中轴线上，而北墓的前中后三主室偏于北侧。所以可以认定南墓属男性主墓，北墓为女性从墓。有趣的是，两墓之间还有过道相通，夫妇灵魂可在冥冥之中相聚。这是古代的一种夫妻“同茔异穴”葬制，在西汉时曾相当流行。

图 2-22 徐州龟山汉墓内陈列物

发掘研究表明，大部分墓室中原建有带瓦顶的木结构房屋，15 个墓室即取代了功用不同的宫室，其中有象征前庭的前室，中室即中堂，后室为起居的内室，又有车马库和厩房，还有贮藏各类奇珍异宝的府库以及厅房、厨房等，

该墓出土了大批有价值的珍贵器物，包括多种玉器、陶器、车马器、陶俑以及麟趾金、龟钮银印、铜矛、朱雀肖形印等（见图 2-23）。其中女性坐俑面目清秀，神态端庄大方，舞伎俑右手上举，左手下垂，双腿弯曲，双袖翻飞作翩翩起舞势，马俑高长各 0.5 米，但塑造得骨肉均匀，活灵活现，尤其是马头的艺术刻画，完全符合真马的解剖比例。方体的龟钮银印，长宽不盈寸，印钮铸成一卧龟，造型生动，雕刻简洁洗练。阴镌“刘注”二字，篆文工整苍劲，它既是融书法及雕刻为一体的艺术精品，又为断定墓葬主人的身份提供了确证。刘注是第六代楚王，在位 14 年，因而龟山墓葬的南墓即是楚襄王刘注的陵寝，而北墓则是其夫人的墓葬。这种有绝对纪年的地下宫殿，对研究徐州地区历代楚王陵的变化和两汉文化，有着非常重要的标尺作用，意义极大。

图 2-23　徐州龟山汉墓出土的陶器

刘注的棺室比其夫人的大，据说夫人死在刘注之后，棺室小是男尊女卑的原因。陪葬的一些金银玉石等，均在地面的陈列室展出。据说北甬道被盗过，有部分陪葬物已不在。徐州龟山汉墓出土的陪葬品已经安置在徐州市博物馆收藏。

2.3.4　彭城王墓

徐州彭城王墓发掘前均认为此墓是楚霸王项羽的军师范增的墓葬群。徐州彭城王墓包含 3 座大墓，现已全面挖掘和保护维修中，现已对社会开放，位于徐州市云龙山北麓，是 1969 年群众取土烧砖时发现的一座大型封土堆墓。土山一号墓中共清理出土文物近百件，其中，银镂玉衣、鸟兽饰铜壶、鎏金兽形砚、雁足灯等，均属珍贵文物。二号大墓 2004 年由南京博物院和徐州博物馆开始挖掘，三号大墓 2002 年由徐州博物馆负责挖掘。2014 年徐州彭城王墓开始对外正式开放，同时墓的主人是汉明宗刘庄同父异母的弟弟刘英的墓葬。刘英一生传奇，

是中国历史上第一位信奉佛教的王，刘英的一生和佛教结下了不解之缘。目前在中国第一比丘尼道场——徐州市竹林寺内塑有刘英的雕像，以纪念刘英对中国佛教的传播所做出的贡献(见图 2-24、图 2-25)。

图 2-24 彭城王墓入口

图 2-25 彭城王墓墓室

彭城王墓也称土山汉墓，土山汉墓位于云龙山北麓徐州博物馆内。称它为“土山”是因它是一座人工筑成的封土堆，这与西汉各代楚王独霸山头的气势比较起来，显然简单多了，但这种简单并不意味着东汉的彭城王是节俭的。现在土山封土高 18 米，以汉尺每尺约合 0.23 米计算，高应为“八丈”，水土流失了 1800 多年后，仍然是这么高，可以想见当时的高度更加可观，显示出宏大气势。

《魏书·地形志》和《水经注》都称这座山为亚父冢。民间还传说，范增帮助项羽推翻了秦王朝，得到了士兵的爱戴，死后士兵为他负土筑墓，所以土山就是“掬土成山”的简称。南北朝时土山上经常有人戍守，因而又名高冢戍。明代嘉靖年间户部主事岳东升曾表其墓，立碑题名“楚亚父范增墓”。

1969 年 10 月，土山北坡因群众建屋取土时发现了一号汉墓。1970 年南京博物院在徐州有关部门的配合下，清理了此墓。从墓葬的结构和随葬品来看，都具有东汉的特征，比范增死时晚了 300 年。1978 年考古人员在土山钻探，发现南部正中还有一个较大的墓葬，也是砖石结构，时代同一号墓接近，称二号汉墓，目前还未正式发掘。2002 年 11 月徐州中医院在土山西北部位置施工时又发现一东汉砖石结构墓葬，考古人员进行了抢救性的发掘，这座墓葬编号为三号墓，这样土山汉墓区内实际上是由 3 座墓组成的。

一号墓全长 8.6 米，平面呈十字形，由通道、前室和后室 3 部分组成，这就是东汉时期普遍流行的墓葬形制和结构。建筑材料是青色砖和少量黄肠石，这种黄肠石是东汉皇帝及诸侯王建造墓穴时用来砌墙铺地、封门和复顶的特制石头，这里的封门石用 35 块黄肠石砌成，共 7 层，每层 5 块，有的石块旁边刻有字，大多是采石人和工匠姓名，“官十四年省苑伯讴第廿六”“左湖石官工田阳治”、“左大石官工左寅治”、“左大石官司工左旦治”等。“官工”是官府专门设置的建筑机构所属工匠，这些文字所刻地点、上下、左右方向不一，还有个别文字有反刻现象，显得比较随便，说明刻铭的作用仅仅是供检查质量的一种记号。后室就是主墓室，全部用大砖垒砌，后壁刷一层白灰，砖缝也勾嵌白灰，显得非常坚固，地面两侧低、中间略高，这是出于排积水的考虑，充分说明了当时设计者的周到和精心(见图 2-26)。尽管到了东汉由于经济、政治各种原因，这样所谓“前堂后室”的王室墓不能与西汉那些制式复杂的诸王墓相提并论，然而无论哪一种墓室，都需要极高的技术力量，在墓室修造过程中，都必须符合“视死如生”的要求，都必须努力应付一些潮湿、重压、腐蚀、虫兽啃咬，地表植物根茎的穿透以及盗墓人的挖掘。另外，规模简约并不等于没有丰富的内容，1970 年南京博物院清理时，墓内出土随葬品近百件，有铜、银、铁、陶、漆及玉石珠饰等类，重要的是一具较完整的银缕玉衣，玉衣长 1.7 米，由 2600 多片玉片用银线穿缀而成，是我国最早发现的一件完整的银镂玉衣，其他出土文物多为日常生活用器，其中有鎏金兽形砚、鸟兽形铜壶、雁足灯等国家一级文物。

铜壶有六棱状流口，前部立一小鸟，形象毕肖，虎状小兽前足攀缘壶口，后足立于壶的下腹，前后足形成的空间同为握手部位。鸟、兽身上多刻线条、体现质感，虎兽抬头卷尾，神形逼真，整个壶的造型独具匠心，以虎体做把手，强健有力，予人以稳定的力度感；而以小鸟装缀流口，当用者倒泄水浆时，若闻一活泼小鸟啾啾的鸣啼，形成一种欢快的节律。

鎏金兽形砚分盒兽、盒身两部分，盒身作奇特的怪兽伏地状，以兽背为盒，通体鎏金，并满布鎏银的流玉纹，又点缀镶嵌珊瑚、青金石、松绿石，盒内嵌石砚板，上置柱状砚石，工艺构思新奇，制作精巧，色彩缤纷，是我国青铜器装饰工艺发展

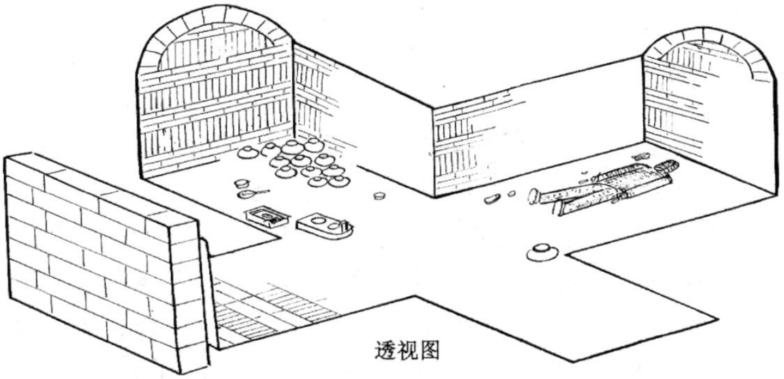

图 2-26　彭城王墓主墓室结构

成熟阶段的代表作之一。

雁足铜灯，下为圆托盘，盘沿刻“乐米”二字，中央置直立的雁足柄，柄端设计三叶瓣支架，承托盏盘，盘心留圆孔，通体浇铸而成。

玉石珠饰包括松绿石、琥珀、玛瑙、珠子等，出土数量极多，其中大多雕刻成飞鸟状、蹲狮子状，中央穿孔，玲珑剔透，极为精致。

彭城王三号墓是在山岩上凿出深坑，再用巨石和特制的大砖砌成，长宽各达17 米，前面还有长长的斜坡墓道。可惜三号墓古代已被盗掘一空。

2.3.5　白集汉墓

白集汉墓是 1965 年经由南京博物院清理发掘，该墓为徐州地区保存最为完好的一座东汉祠画像石墓，是难得的视觉艺术盛宴，被冯其庸先生誉为“天下第一汉墓”。白集汉墓是徐州汉文化系列中的重要组成部分。它位于徐州东北 25 千米的青山泉镇白集村，共占地 40 亩。白集汉墓是徐州地区具有典型的石室画像墓(见图 2-27)。它用平地起坟的方法把祠堂及前、中、后墓室建立在一条基本垂直的轴线上，然后深埋土中，积土成形。墓室由石板隔开，为夫妻合葬放置器具的地方。整个墓室为叠涩式封顶。该墓画像分别雕刻于祠堂及前、中、后室。画面内容十分丰富，其题材涉及社会生活、神话传说、仙境祥瑞、历史故事等诸多方面，如反映现实生活的车马出行、拜谒飨宴、博局对弈、舞乐百戏等；反映神话传说的玉兔捣药、东王公、西王母、伏羲、女娲等，反映祥瑞题材的珍禽异兽、瑞木嘉禾等(见图 2-28)，再现了汉代真实的社会生活及当时人们的宗教、哲学和审美意识。形制独特的墓室和精美绝伦的 24 块画像石备受后人瞩目，概括可以划分为以下内容：表现墓主人生前社会地位、身份、经历、享乐生活、车马出行等，如祠堂西壁上的画像石，主人端坐正中，两边侍者候立，另有舞蹈、杂技、伴奏、汲水、烹饪、添柴之人，还有迎宾图、车马图，这些都是墓主人生前生活的反映，表现了墓主人显赫的社会地位。神话传说与神异动物，白集汉墓画像石中的玉兔捣药、东王公、西王母、伏羲、女娲等均为神话传说中的故事人物。朱雀铺首衔环的形象多见于墓门，《说文》曰：凤，出于东方君子之国，翱翔四海之外，过昆仑，饮砥柱，濯羽弱水，暮宿风穴，见则天下安宁。铺首衔环是汉画石刻中常用的内容，多用于器物两耳和雕于汉墓门扉之上，汉代人把它当作一种凶猛又积财善守的怪兽，起着看护财物的作用。除朱雀外，多处均有青龙、白虎等神异动物的形象，在当时人的观念中，认为是和墓主升天有关的。植物形象及图案：如前室西壁即出现了面积较大的钱币纹样和卷草纹样，另有波浪纹、云勾纹等纹样。

图 2-27　白集汉墓内部结构

该墓建筑风格巧妙，画面内容丰富，雕刻技法精湛，是研究汉代建筑和绘画艺术不可多得的实证（见图 2-29 和图 2-30）。白集汉墓画像石造型生动，手法多样，雕刻技法亦进入了非常成熟的阶段。其疏密得当、主题突出，呈主次分明的构图方法，生动活泼的形象塑造以及画面中的空间变化和切割，反映了汉代民间画工们非凡的审美意识，显示出汉代艺术粗犷豪放的美学取向。

2.3.6　茅村汉墓

茅村汉画像石墓位于徐州市茅村乡凤凰山西麓。此墓 1952 年发现，墓早年被盗，没有一件随葬器物，但完整的墓室、精美的汉画像石雕刻，有重要的艺术价值和考古价值（见图 2-31）。茅村汉画像石墓是一座东汉晚期的多室石结构墓葬，为江苏省人民政府公布的省级文物保护单位。

墓室全部用青石砌成，墓顶以石条叠涩封顶，有 8 间墓室，全长 8 米，最宽处

图 2-28　汉画像石

图 2-29　墓葬内的汉画像石壁

图 2-30　石室画像墓

7 米，室内最高处 3 米，建筑面积达 70 余平方米，为徐州地区较大的汉画像石墓之一。墓门东向，入内为长方形的前室，继而入内的中室、后室均在一条轴线上。后室是安放死者的寝殿，中室是幻象死者灵魂活动的前堂，前室则是庭院部分。后室和中室之间除门户相通外，还有直棂窗相隔，其设计构想，依照地面阳宅的“前堂后室”。墓室的南侧，有一长廊，从前庭直通后寝，是安放车马之处。北侧前室和中室之间有 4 个小室，相互贯通，为庖厨、仓储、厕所之属。

茅村汉画像石墓共有画像石 18 方，集中在前室、中室的门楣及四壁上（见图 2-32）。采用浅浮雕技法，刀法浑厚老道，雕刻的物象丰满、雄健，颇具张力。由于前室、中室跨度较大，画像石长度大多在 2 米以上，不少画像幅面接近 3 米，画面中所能表现的物象个体较多，组成的画面较为宏大，特别是几幅画像共同组成一个大的画面时，更是给人带来强烈的视觉冲击力和震撼力。

图 2-31　茅村汉墓汉画像石

图 2-32　茅村汉画像石墓

墓室下部画像石主要反映了当时的生活，门楣多为仙禽神兽、祥瑞灵异的内容，反映了墓主人死后升仙的愿望。中室画像最为丰富，南壁由 4 块画像石组成的画面最为宏大。上格以玉兔捣药为中心，刻有瑞鸟和服药求仙者；接下来是鱼龙漫衍图像；第三层为百戏比武图，有跳丸者、倒立者和比武者等。最下一层为场面很大的生活画面。右侧为门阙，阙下有卫士执戈肃立；自右向左楼宇栉比，内有各种人物活动，谒见者、宴客者、饲马者、庖厨者共计30多人，充分反映了当时豪强地主"连栋数百，膏田满野，奴婢千群，徒附万计"的奢靡生活。

1980年，一些专家在前室北壁意外发现了一段题铭，经过仔细辨识，识出"熹平四年四月三十日乙酉"等字，不仅确定了墓葬的建造年代为汉灵帝熹平四年(175年)，也为徐州其他汉画像石墓的断代提供了重要标尺。

2.3.7 北洞山汉墓

北洞山西汉楚王墓位于铜山县茅村镇洞山村(见图2-33)，1986年由徐州博物馆和南京大学历史系联合发掘。这座楚王汉墓坐北朝南、凿石而筑，室内面积320平方米，分为主墓室和附属墓室。

该墓依山为陵，穿山作室(见图2-34)，整座地宫由露天墓道、甬道、主宫墓室和附属建筑几部分组成(见图2-35)。墓道全长56米、宽3～4米，中段有一对土坯建成的门阙。为了防盗，两列双层的塞石将甬道堵得严严实实，每块塞石重达8吨，上下层塞石用榫卯相扣合，与墓壁几乎不留空隙。穿过甬道，是模仿地面阳宅的主体建筑，包括前堂、空寝、侧室、厕间、耳室等8个房间，总面积超过100平方米。这组建筑棱角分明，构造风格多样，室顶可分为两面坡、四面坡、平顶3种式样。为了防蛀防腐，并达到增添神秘气氛的目的，各室全部髹红漆涂朱砂，形成一个红彤彤的世界，令人感到华丽而庄重。

图2-33 北洞山西汉楚王墓地上建筑及大门

附属建筑之大、之复杂也是惊人的。为了突出主宫室的尊优地位，依势建成低于主宫室3米左右的建筑群。附属建筑分为四进院落，错落分布有13个房间，建筑面积220余平方米。这组建筑同主宫室的营造方法不同，它基本是以打

图 2-34　北洞山汉墓早期发现的墓道口

图 2-35　北洞山西汉楚王墓室

制的条石构筑的。从墓顶条石的编号看，制作时是根据设计，预先做好构件，然后现场安装的。室顶一律做人字形拱，形成两坡式屋顶。科学的设计、精心的施工，使得这座地宫历 2000 年间数次地震的考验，仍稳固如初。

第一进院落有东西两室，分别是警卫室和器物库；第二进院落有盥洗间、更衣室和一间近 50 平方米的大室，大室内陈设舞女俑、乐俑、编钟、编磬、排箫、琉璃杯等物，再现了主人生前钟鸣鼎食、吹笙调瑟、征歌选舞的场景；第三进院落有水井一口，另有柴房、厕间和灶房；第四进院落有 3 室，两室作灶房，一地下室为窖藏粮食的仓储。

该墓在历史上屡次被盗，但仍有大量珍贵文物出土。出土数量最多的是钱币，共 400 余斤，50000 余枚。钱文大都书“半两”，包括秦半两、吕后八铢半两、文帝四铢半两。这些钱有许多是专为殉葬主人而直接鼓铸的。出土的彩绘陶俑的艺术和科学价值，为出土文物之冠。在墓道两侧 7 个壁龛中出土有完整彩俑 222 件，因盗墓者未碰及而保存完好，色彩艳丽如新。彩俑高 0.5 米左右，头戴冠帻，身着深衣，拱手或作持物状；佩长剑悬佩绶，或背箭囊，足蹬翘首鞋，均匀立式男性。彩俑头部先施白底，双颊微饰红粉，并以黛黑绘眉目和发髻，唇部涂朱，身体用红、绿、青、紫诸色施于不同部位，衣领、襟袖的花纹描绘精细。陶俑的面部表情或圆目怒睁，或含情恭谨，个性十分突出(见图 2-36)。

图 2-36 北洞山西汉楚王墓内出土的彩色陶俑

地宫中出土的 4 件金带钩是汉代考古中绝无仅有的发现。金带钩每件重 25～27 克，其中一对作天鹅状，纹饰精细，形象生动。在墓中捡到的玉熊，玉质凝脂温润，令人赏心悦目，堪称汉代玉件的绝品。附属建筑第二进院落宴舞厅内出土的 16 件玻璃杯，经科学测定，是一种较为典型的中国古代铅钡玻璃。证以东汉思想家、科学家王充在《论衡》中“销烁玉石，作五色之玉，比之真玉，光不殊别”的记载，说明西汉早期已有了先进的玻璃工艺。拥有如此珍贵玻璃杯的墓主人应有较高的身份。

墓中出土的 11 枚铜印，为考证墓主人的身份提供了重要依据。其中“楚邸”、“楚御府印”、“楚武库印”、“楚宫司丞”都与楚王宫室有关。其余的是西汉封国中的楚国属县官吏的印章，因而可以推定地宫的主人为西汉封于彭城的楚王。结合出土的大量“半两”钱的铸造年代看，最晚的是汉文帝五年(前 175 年)时铸造的四铢半两钱，而未发现汉武帝元狩五年(前 118 年)始铸的五铢钱。因此该墓的年代应该在公元前 175 年至公元前 118 年之间。

该墓墓室数量之多、结构之复杂、布局之严谨、葬俗之奇特，为国内已发掘的古墓中所罕见。北洞山汉墓于 1996 年 11 月被国务院批准为全国重点文物保护单位。

2.3.8 东洞山汉墓

东洞山汉墓位于徐州市东北下淀乡石桥村南，汉墓群在洞山西北麓，共计3座。一号墓、二号墓在1982年10～11月发现清理；三号墓发现于1988年8月，1997年7月发掘。一号墓早在400多年前的明代，已被文献称作“仙人洞”，被盗敞露洞口(见图2-37和图2-38)，东洞山得名由此而来。一、二、三号墓由南向北依次排列，间距约10米，均为因山凿石而成(见图2-39)。

图2-37　东洞山汉墓入口一

一号墓口向西，全长61米，最宽处16.5米。墓门前有长4.2米的斜坡状露天墓道。计有1条甬道，7个墓室组成。主室最大，长10.2米，宽7.2米，正中有一长1米、宽0.4米的石柱，墓室加甬道面积共达210平方米，每个墓室开凿得都很规整，四壁皆有粗而深的凿痕，顶部开凿成平顶。这种修筑方式，是徐州大型汉墓的特点之一。该墓早年被盗，遗存的文物有铜釜、玉璧、玉剑秘、玉衣片等。

二号墓与一号墓略平行，亦凿山营造，平面呈刀形，通长24.2米，分为墓室和甬道。甬道内有2道封门。第一道在甬道前端，以2块巨石叠压，每石长2.6米，宽0.8米，厚0.75～0.9米，重量达6000余斤。第二道封门是以碎石块堆于甬道中。墓室方形，长4.3米，宽3.5米，高2.05米。墓室平顶，墓内葬具已朽，只是发现了大量经过髹漆的残木痕迹，推测墓主使用了多重的漆木棺椁。出土文物丰富，计167件，分为铜器、铁器、玉器及珍珠、料器等类，铜器有鼎、锺、勺、灯、行灯、盘，釜、博山炉、镜、刷等，其中有许多自刻的铭文，对了解和研究其用

图 2-38 东洞山汉墓入口二

图 2-39 东洞山汉墓入口三

途、来源乃至与墓主的关系提供了依据。如在铜鼎侧腹和铜勺柄部刻“明光宫”3字，在铜锺的团足上凿刻“明光宫赵姬锺”6字，在行灯的柄部刻隶书“赵姬家”3字，另有涉及“中宫”、“灵平宫”等铭文，铜器中尤以鎏金器最精彩。一件鎏金铜盘，敞口、直腹、圆底，腹部镌刻“赵姬沐盘”4字，口径达0.68米，重20斤，通体金碧辉煌，造型简洁稳厚，当是宫中沐浴器具，反映了封建王室奢侈豪华的生活。一件鎏金博山炉，由盖、身和底盘3部分组成。盖作连峰形，镂孔，器身深腹，柄部做成带凸棱的足节状，既美观，又便于抓握，该器专用于宫殿中熏香洁净。3个部件巧妙组合，在燃熏香草时，袅袅青烟，透过山峰形炉盖，使人仿佛置身于烟雾缭绕的清谷之间。而部件单独成体，有利于烟垢的清除和器具擦拭。此外，铜器的铸造工艺也具特色。鼎、灯、钟等铜器上，有不少红铜和铁质垫块夹铸其间，垫块一般 0.0003 米见方，厚 0.0004 米，分别以 8～11 块熔铸于鼎的腹部和底部、灯盘壁和钟的底部。这些垫块都使用于器壁处，特别是易磨损的地方，其作用是浇铸时内外范之间能有均匀的空隙，既可确保铸器厚度一致，又可增加该部位的牢度，更能节约原料。铁器有书刀和环 2 种，书刀厚背平直、薄刃、尖微翘、环首均出土于一漆盒内，柄部有错金的文字，花纹图案美丽流畅，制作精细，是汉代文具中的珍品。玉器有璜、玉佩、玉环、玉舞人、玉龙饰、玉贝、玉珠等。漆木器虽多朽坏，然其构件却十分别致。一件杖首，上作圆顶，分 6 瓣，外周错金成正六角形，六角内相间嵌填桃形绿松石和淡黄玛瑙，鎏金凤钮，凤身饰阴线，尾部嵌珠高翘，昂首峨冠，尾羽开屏，姿态优美。

三号墓位于一号墓南侧 10 米，基本与一号墓平行，全长 32.4 米，由墓道和甬道组成。露天墓道长 16.5 米，由东、西 2 段组成，东段长 12.5 米、宽 3.2 米，西段长 4.0 米、宽 1.2 米，墓道南段为 6 甬道口，甬道长 15.90 米、宽1.02 米、高 1.80 米。三号墓无墓室，甬道东段即放置棺木，出土有昭明镜、日光镜、铜刷等文物 4 件。显然三号墓是一座未完工即仓促入葬的墓葬。

二号墓出土带“明光宫”铭文的铜器 10 件。据史书记载，明光宫在长安城内，“南与长乐宫连属”，这点已为考古工作者的勘测结果所证实。明光宫建于武帝太初四年，即公元前 101 年，当时汉武帝曾从燕赵故地挑选了 2000 个美女充入此宫。王莽始建国元年(公元 9 年)，“改明光宫为定安馆”，故明光宫计存 109 年。东洞山汉墓的“明光宫”铜器，是几千年来首次出土。它既曾为明光宫中用器，因此二号墓的年代上限不会早于明光宫始建之年，即公元前 101 年。结合墓葬形制及文物，推测其年代下限为西汉中晚期。

一号墓规模较大，所出土的文物都是被盗后遗留下的，有玉衣片，说明主人曾以玉衣随葬，而在汉代用玉衣，只有王侯或特赐功臣。出土玉剑也说明主人为一男性，两件铜釜铭为“宴君”，宜释为“宴”，“天子、诸侯及卿、大夫有地者皆曰君”，“宴君”二字可理解为该铜釜作宫宴盛食时，由某君独用。因而，从诸方面推断，墓主应是西汉中晚期的某代楚王。二号墓出土随葬器主要为女性用器，如“明光宫赵姬锺”、“赵姬沐盘”等，而不见男性佩带的兵器，表明主人是女性。在随葬品中有两个鎏金铜盘，其一铭为“王后家盘”，此器出于楚，又铭王后，即楚王王后。三号墓虽然未凿出墓室，但长度远远超过二号墓，其形制也具备楚王(后)墓的特征，其位置表明与一、二号墓关系密切，也应是王后的墓葬。因此，东洞山楚王墓的三座墓葬应是一王二后的关系。

2.3.9　南洞山汉墓

南洞山汉墓位于徐州市东南 15 千米的铜山区潘塘办事处，由 2 座有过道的墓葬构成。两墓均坐北朝南，并有长而规整的墓道，开凿于段山南麓，是典型的汉代大型崖洞墓。

崖洞墓是徐州地区西汉墓的形式之一。据目前对考古发掘和调查的资料研究表明，崖洞墓主要集中在徐州市郊一带，可分为 2 类：一种是竖穴式，即凿成深深的方塘，间或在底部向一侧或两侧凿出“耳洞”，耳洞中主要用以埋藏随葬品，这类崖洞墓大多属中等规模的西汉墓。另一种是横穴式，由墓道、甬道、墓室 3 部分构成(见图 2-40)，开凿于山脚下，有平面呈喇叭形的长墓道、甬道、耳室和墓室，都穿凿深入山中(图 2-41 和图 2-42)，长度一般在 20 米以上，墓室又有单室与双室之分，以多室居多。南洞山汉墓属横穴式。

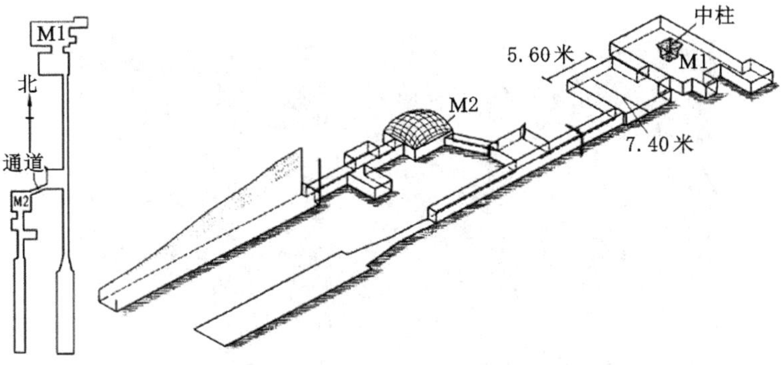

图 2-40　南洞山汉墓结构示意图

依山为陵的建筑方式，一是用以标榜墓主不可逾越的高贵身份，二是以密藏为主要目的。这种西汉大规模的依山为陵建制，的确盛行一时，其渊源应当与更早的战国时期有山陵地貌的大型地下宫殿建筑有关。

南洞山一号墓穴总长达 80 余米，其中露天开凿的墓道长 9 米、宽 3.4 米、深 8 米。从墓门到后室的长度为 40 余米，分别有甬道、前堂、后室及耳室组成，主室内有与山体连接的石擎柱，其北边有水池和良好的排水设施。二号墓有 3 个墓室，规模小于一号墓，两墓的总面积达 400 多平方米。

两墓早年被盗空，墓室保存完好。根据墓葬的规模和形制构造特点，与小龟山等已发现的同类型墓有很多相似之处，推断应属于西汉晚期的楚王夫妻墓。

图 2-41　南洞山汉墓地上入口石碑

图 2-42　南洞山汉墓墓道

2.3.10　驮篮山汉墓

徐州考古工作队于 1989 年 10 月至 1990 年 4 月在市北郊发掘两座大型地下宫殿，自西向东分别编为驮篮山一号墓、二号墓。两墓位于郊区下淀乡东王庄驮篮山两座山包的南麓（见图 2-43），均为凿山而藏，规模恢宏壮阔，结构奇特（见图 2-44），堪称我国汉代建筑艺术的又一杰作。经发掘证实，两墓当属西汉早期楚王夫妇的陵寝。

两墓均坐北朝南，有自南向北倾斜的宽阔墓道（见图 2-45），长达 30 米。墓

图 2-43 驮篮山汉墓入口一

图 2-44 驮篮山汉墓入口处墓道结构

道中有意识地填满不规则的大型自然石块层、夯土层、碎土层，以资牢固。墓道凿山落差最深达 16 米以上，这在徐州地区已发现和发掘的大型楚王陵墓中绝无仅有，在全国大型石室汉墓中亦颇为鲜见。斜坡墓道宽 4 米余，倾斜角度 20 度，平整壮阔，规模庞大。

一号墓由墓道、甬道、两侧甬道及 13 个墓室组成，室内建筑总面积约 200 平方米，总长 28 米。其中以前堂最为高大，高 3 米余，长 9.47 米，宽 3.7 米。前堂后室均采用五面坡的顶，结构新颖，给人以高旷挺拔、宏伟壮观的感觉。甬道中

图 2-45　驮篮山汉墓内室

有双层双列的塞石填满，共 5 组，20 块。塞石为青石质，每块长 3 米余，高宽各近 1 米，重达 12 吨，六面打磨滑润，光可鉴人。块块相扣严实，西侧甬道中的厕所和沐浴室，相对而设，均为平顶，厕间设施考究，由打磨细致的青石板构件组装而成，由蹲坑、踏板、靠背、右栏及握手、下水道等组成，科学合理而实用，沐浴室内，在一角以磨光石条砌作方形抹角浅浴池，整洁大方。13 个墓室中，均设有门道、门窝、封门器窝洞，每门都有暗销装置，颇为精巧牢稳。墓室内排水系统完备，均中央高四周低，各室沟槽相通，利于泄水。

一号墓早年被严重盗掘，但墓室结构保存完好。出土文物中以各式陶俑、陶金饼及各种金属构件较为突出。陶俑分男式官员俑、舞女俑、仆役俑 3 大类，尤以舞女俑形姿多样，变化丰富，仪态优美。女仆役俑亦不乏眉目清秀，气质高雅，楚楚动人者。陶金饼出土数量最多，数以百计，可分大、中、小 3 种，均呈球面截体，平底，正面布满环绕的涡纹，此种陶饼显系仿制战国汉初楚国的金币形式，与第六代楚王刘注的小龟山墓所出陶金饼并无二致。作为明器，即一种特殊的冥币，可供楚王在阴间继续挥霍。金属构件中，以铜门枢窝及棺床圆轮最有价值，因为在以往大量楚王墓中始终未见过实物，此次出土，正可填补空白。门枢窝铜质，平底，作中空的圆柱体，分别安装在上下门窝之中。在置放棺床的后室中，发现 4 个青铜铸圆轮，有轴固定其中，一端圆形，一端方形，推测应是用于下葬时棺床底板，以利运抵灵柩。这种圆轮的发现，在我国两汉考古中具有一定意义。

二号墓位于一号墓东侧，间距约 140 米，形制与结构大体与一号墓相类似，只是甬道较短，长 10.58 米(一号墓甬道长达 17.28 米)，墓室较少，计 11 间，由 6 耳室、前堂、后室、侧室、厕间、沐浴室组成，室内总建筑面积(含甬道)约 187 平方米。出土文物亦与一号墓大同小异，以各式陶俑及陶金饼数量最多，并在后室中发现残存的玉质棒形饰物和铁灯等。

两墓的石壁雕凿细致平整，内壁均以澄泥遍涂 3～5 层，再以红漆平敷，室内装修技术娴熟。在墓室上方发现有平顶、两面坡、四面坡等 4 种形制。墓中形制如此多样化，在我国汉代大犁摹葬建筑中为仅见。这一重要发现为研究我国古代建筑史提供了珍贵的实证。

一、二号墓形制相同，造型风格近似，出土的文物时代特征明显，应系西汉早期同时修建。而如此庞大雄伟的地下宫殿远非一般豪门贵族所能企及，同徐州地区已发现的大型汉墓相比较，不难得出驮篮山地下宫殿只能是楚王专用的结论。然而东西二墓并列相望，结构相似，究竟谁是主墓呢？根据发掘资料考证，西侧的一号墓不仅在甬道、前堂的规模远大于二号墓，且墓室数量较二号墓为多，按照汉初以右为尊的惯例，一号墓地位无疑占优，一号墓在塞石上多次自铭“前山”，突出表明了一号墓墓主人的特殊地位。此外，在一号墓东侧的一间库房中，出土了一具零散的甲衣，原物当是数以百计的铁质鳞甲片穿孔编缀而成。在汉代，使用铠甲随葬，自然非男性莫属，因此驮篮山一号墓为主墓，即楚王墓。而二号墓只是附葬的楚王王后陵寝，这从汉代礼仪上也能得到合理的解释，完全符合西汉时期帝王陵寝有关的“同茔异穴”制度。“同茔”，即葬于一座大的坟堆之中（驮篮山），而分造于 2 个邻近的山包方“异穴”。但两者相距百米开外，且无过道相连属，在徐州诸多的楚王陵墓中，表现出特有的风格。

2.3.11　卧牛山汉墓

徐州卧牛山汉墓位于徐州市西郊卧牛山北麓，发掘于 1980 年。整个墓葬为横穴式岩洞墓，方向基本上为正北。整个墓葬由墓道、甬道、前室、后室、侧室组成（见图 2-46）。墓道为前宽后窄的长条梯形，长 18 米，前端宽 2 米、后端宽 1 米，除后部近甬道口处地面为水平外，大部分为前高后低的斜坡形，倾斜角度约为 15 度。甬道尽端深 6 米，墓道内以红黏土夯实，由于曾经遭到盗掘，土质较杂乱，内含部分陶器残片。甬道位于墓道后，宽 2 米，高 1.8 米，以前室为界分为前后 2 段，前段长 2.4 米，后段长 9.4 米。甬道开凿得较为精致，四壁平整，转角处棱角分明。前室位于前后 2 段甬道之间，甬道从前室东部穿过，平面呈横的长方形，东西长 5.9 米，南北宽 3.5 米，两面坡式顶，中脊东西向，偏于南部，中脊高 3.2 米。前室未发现任何陪葬品，从其位置看，应为车马室。后室位于甬道后，南北长 6.5 米，东西宽 5.6 米，两面坡式顶，中脊南北向，位置为中间稍偏北，高 4 米，前面坡度较后面坡度稍缓。墓室南北两壁的高度不同，南壁较北壁稍高。南壁有自然石裂隙，以规整石块镶补，地面铺以石板。从墓室内有大量瓦片堆积来看，原应有木结构瓦顶建筑。由于建筑坍塌后又遭盗掘，瓦片被堆于墓室四周，原建筑结构情况已不清。墓室中部发现有人骨，侧室位于后室北侧，前有门道。墓室近方形,长 4 米,宽 3.8 米,两面坡式顶,中脊南北向,位置稍偏西(见图 2-47)。墓室地面凿有排水道,宽 0.1 米,深 0.04 米,纵横相连,通往前室。

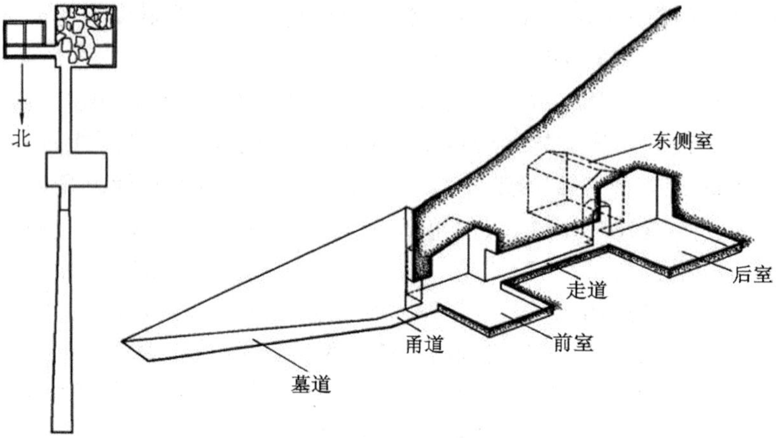

图 2-46　卧牛山汉墓结构示意图

图 2-47　卧牛山汉墓甬道

卧牛山汉墓早年被盗,出土器物较少,多残碎。根据用途,可分为 2 类:建筑材料和陪葬品。建筑材料包括板瓦、筒瓦和瓦当,全部发现于后室。板瓦长 0.37 米,宽 0.3～0.33 米不等;筒瓦长 0.57 米,宽 0.15 米。瓦的表面饰绳纹及棱纹,瓦当均为云纹瓦当。陪葬品有陶盆、陶猪圈、釉陶瓿、釉陶罐、铜饰件、“大泉五十”、“大布黄千”、铁殳、铁兽、玉觿、无字玉印、小玉环、石臼等。

卧牛山汉墓出土 100 余枚“大泉五十”及一枚“大布黄千”,墓葬时代显然是在王莽时期。该墓为大型横穴式岩洞墓,墓主人应为诸侯王或王后。墓内出土有玉觿，其一般为玉串饰上的装饰品，从徐州东洞山二号、韩山一号、苏山头二号等墓葬的情况看，通常见于女性墓葬中。另外，从卧牛山的山体形状看，其有东西 2 个山峰，西峰为主峰，而目前发现的卧牛山汉墓位于东峰下，因此，其当为王后。徐州西汉为楚国，共有 12 代王，其中第十二代楚王刘纡于哀帝元寿元年（公元前 2 年）嗣位，新莽始建国元年（公元 9 年）被贬为公，第二年废楚国。因此，卧牛山汉墓应为刘纡王后的墓葬。

2.3.12 拉犁山汉墓

拉犁山汉墓位于徐州市云龙湖南岸，有 2 座东汉时代的石室汉墓，汉墓位于延绵起伏的拉犁山西坡台地上，均平地砌建，为夯土的石室墓。拉犁山一号墓封土呈圆锥体，下部直径 21～29 米，高约 7 米，墓室全系用石料构筑而成，分前室、中室、后室和回廊 4 个部分，由墓门、前室、前室左右 2 间耳室、2 间中室、中室左右 2 间耳室、后室、环后室回廊及回廊后端耳室等组成，总计 9 室 1 廊。总长 13.7 米，宽 9.8 米，高 3.44 米，室内面积 60 余平方米。墓门双扇，整石作门体，凿出上下门枢，至今向外开启，转动自如。前室长 3.35 米，宽 1.9 米；2 中室间雕凿有高 1.4 米、带柱础和斗拱的 16 棱柱；后室长 3.6 米，宽 2.6 米；回廊长 15.7 米，宽 1.15 米。各室内的大石条构件，皆经精雕细琢，非常平整，9 室均叠涩成盂顶。墓室地面有石板平铺，四周都凿有沟槽排水，地面和壁基垫抹白石灰，尤以后室置棺床处最厚，达 4 厘米。墓早年曾数次被盗，出土有陶器（见图 2-48）、铜耳杯、五铢钱、六博石棋子、骨尺、琥珀蝉、玉猪、水晶珠、玉剑（见图 2-49）、铁剑等。金银饰件及不完整的铜缕玉衣等文物近百件（见图 2-50 和图 2-51）。特别是一件金龙头饰物，形象生动，镂工精巧，不失为珍贵的上乘古代工艺品。

图 2-48 拉犁山汉墓出土文物（一）

拉犁山二号墓在一号墓西 30 米处，封土堆高约 4 米，底部每边长约 20 米，

图 2-49　拉犁山汉墓出土文物(二)

图 2-50　拉犁山汉墓出土铜缕玉衣

图 2-51　拉犁山汉墓出土的铜缕玉衣局部

墓室东西全长 10 米,最宽处 6 米,由前室、东室、西耳室、中室及后室组成。墓门偏于南侧,2 扇石门向外开启。前室长 2.3 米,宽 2 米,高 2.74 米,其两侧各有 1 个小耳室;中室长 3.1 米,宽 3 米,高达 3.6 米;后室长 3.5 米,宽 2.4 米,高 2.5 米。中、后室过道间有 1 个高 1 米的抹角四棱石柱,整个墓室总面积约 30 平方米。砌筑方式基本同一号墓,全部以大条石砌成,地铺石板,五墓室顶部砌成方顶状。在石门内侧,门楣及前后室藻井均雕刻有朱雀、青龙、九头兽等神物,以及莲花、铺首衔环、锯齿纹等图像。雕刻方法分线雕、浅浮雕、高浮雕 3 种技法。

从发掘情况看，拉犁山二号墓当与一号墓同时遭劫，出土文物 50 件，有彩绘的陶壶、奁、盘、案、鼎、碗等酒具和盛食器，亦有猪圈、井、锅灶、磨盘、陶楼、鸡、鸭、狗等模型器具，另有锡质车马器、玉猪、水晶饰件等。其中发现的一件微雕翡翠蟾蜍，长宽仅数毫米，但雕刻精细，形神毕肖，确系一件不可多得的微雕珍宝，说明早在 2000 年前，我国的微雕工艺品已达到很高的水准。综观二墓，造型朴实稳健，与背傍的青山互为倚靠。内部构造规整考究，自底而上，层层相扣，坚固结实，线条匀称。在中室正间与侧室之间，采用了过梁和带覆盆式柱础及栌斗的石柱，既节省石材，又增加了空间，具有装饰性的美感，并能分散顶盖的强大压力，可谓一举而多得。正是由于墓室建筑中广泛采用了科学的方法，使得两墓在历经沧桑近 2000 年以后的今天，石构件仍无一错缝和变形现象，堪称我国古代建筑史上的艺术杰作，是徐州古代劳动人民智慧的结晶。

拉犁山两墓均属东汉时期。一号墓中的铜缕玉衣为我们断定墓主的身份提供了重要线索。按文献中记载，使用铜镂玉衣下葬者，其身份应该是大贵人、长公主或俸禄为 2000 石的官吏。结合建制和规模，我们认为该墓的主人是东汉时期分封于徐州的某代刘氏王侯的可能性最大。二号墓与一号墓结构相仿，出土文物特征亦相似，故二号墓的绝对年代亦应与一号墓相近。且两者相距甚近，墓主的关系定然密切，极可能属于夫妇或父子的茔地。

拉犁山汉墓形制独特，出土文物丰富，且在同规格的东汉墓中，发现有众多画像石题材者，全国少见，对画像石的进一步研究又提供了全新的素材。

2.4 结语

徐州两汉文化视觉艺术集中表现在墓葬上，这也是几千年至今值得考证的现存最好的研究资料。

两汉墓葬发生了变化，盛行了 2000 余年的竖穴木椁土坑墓，在汉代转变为横式的墓穴，用砖和石料建筑墓室，形制上多模仿现实生活中的房屋。这种变化是从西汉中期开始，先发生在黄河流域，然后到各地。砖有可塑性强、稳固性好的特点，砖室墓的大量出现，实际上表明了地上建筑技术的极大进步。这一习俗和进步反映出当时社会中政治、经济及价值观、宗教观的改变。东汉时，砖室墓迅速普及。贵族的砖室墓规模较大，结构复杂，墓里绘有彩色壁画。石室墓在西汉晚期开始出现，墓室中刻画画像，墓室的布局和结构，仿照现实的住宅。

汉代墓葬中的随葬品，较之前代也有了大变革。主要表现在几个方面，第一，随葬品中漆器的比重增加；第二，西汉前期随葬品主要是生前的使用器具，但到了中期以后，增加了明器，明器专为随葬而作，东汉时明器在种类和数量上大大增加；第三，西汉晚期以后，不再用真车、真马殉葬，而是用木制或陶制的车马模型来替代。除个别例外，已经见不到人殉。从商代开始的残酷的人殉制度，至此基本上终止。在地面上，统治阶级的墓已普遍筑有坟丘，在坟丘前设祠堂。东汉时盛行在墓前置人物和动物的石雕像，还流行在墓地上立碑，记述墓主人及其家族的事迹。

汉代墓葬装饰的类型可分为：壁画墓，西汉晚期出现，东汉开始流行，如洛阳卜千秋壁画墓；画像石墓，以石刻画像为装饰的石结构墓葬，包括地上祠堂、石阙、地下墓室等部分。

汉画像石开拓了现代石刻视觉艺术的表现新方式。汉代人喜爱绘画，在汉代人的观念中，画像石、画像砖即为画，由于墓室内部不免阴冷潮湿，手绘的壁画估计不利长时间保存，但为了寄托来生表现美好意愿，汉人以石为纸，以刀为笔，创造出了全新的艺术形式。画像石是在墓室建筑石构件的下面先绘后刻制成的图像，流行于河南、山东、江苏、陕西等地区，江苏又以徐州地区最为典型。这种形式出现在西汉至东汉末渐渐消失，所以我们称之为汉画像石。汉代工匠运用浅浮雕、高浮雕、线刻、减底平刻等技法，创造了精湛的艺术形象。白集汉墓最普遍应用的是平面浅浮雕加阴线刻，即在平整的石面上形象轮廓之外的部分，使形象呈浅浮雕状，然后用阴线刻出轮廓内的细部，形象饱满丰富，最后施以彩绘，就成了完整意义上的画，也实现了墓主人的建造墓葬的初衷。

3　徐州两汉视觉艺术表现

随着封建制度的日益巩固和上升，两汉社会经济不断繁荣和发展，展现出新的面貌，更加重视艺术的政治功能和伦理教化作用。它将战国、秦时期地域不同的美术风格融合起来，形成雄厚博大、昂然向上的统一时代风格。两汉时期也是我国民族艺术风格确立和发展的时期。汉统治集团将雕塑和绘画作品用于政治思想教化，具有宣扬统治者功、表彰功臣、显示王权威严等功能，以及强调社会伦理教化作用，这在徐州两汉视觉艺术中得到了充分体现。

3.1　汉画像石画像

石刻画像是汉代墓葬的一种修饰形式，汉墓则是汉画像石的主要载体。徐州是我国汉画像石墓的集中营造地之一，现已发现画像石墓20多座，其中有纪年可考的共3座，因营造年代的早晚、墓主人的尊卑及造墓者财力的多寡而有所不同。

早期的画像石墓多为石椁墓，是西汉中晚期至东汉初期的遗存。这种画像石墓多用石板竖砌四壁，石板之间相互扣接，顶部以石板横铺，形成石椁，画像就刻在石椁的侧板和前后的挡板上。徐州市的范山、万寨及沛县栖山画像石墓就属这一类型。早期画像石墓的画像内容主要有亭阁、穿璧纹、不死树、铺首衔环及乐舞、狩猎等。人物多体态修长，束腰佩剑。雕刻技法基本为原生地平面阴线刻。构图比较疏朗、明晰，不加补白和点缀，图案性较强。

晚期汉画像石墓是指东汉中后期的画像石墓。这一时期的画像石墓，主要有砖石结构和石结构2个类型。砖石结构墓又可分为2种：一种分前后室，前室多为石结构，叠涩式封顶，后室多为青砖砌成，楔形状封顶。徐州东甸子、黄山垅汉画像石墓即为此类。另一种为砖石混合砌成，墓壁、顶用砖，门扉、门额和立柱用石，石材上大都刻有画像。徐州十里堡汉画像石墓即为此类。石结构墓是徐州汉画像石墓的大宗，规模大，结构复杂，画像石的数量也较多。这类墓葬又大体可分为2室结构和3室结构，并多设耳室。徐州周庄、苗山汉画像石墓属于前者，而茅村、白集汉画像石墓则为后者。晚期汉画像石墓的画像题材较复杂，除了保留早期的画像题材外，又出现了伏羲女娲、二龙穿璧等图像，宴饮及祥禽瑞兽明显增加，还出现了迎宾、谒见等社会生活场面。人体由修长变为矮胖，佩剑的已不多见。在雕刻技法上，早期的原生地平面阴线刻也不见，出现了剔地平面雕、浅浮雕、再生面阴线刻及高浮雕、透雕等。构图画面丰满，空白处多加点缀，画面也多分格。

汉画像石画像是由当时的画家、雕刻家、石匠合作在石上绘制、刻画的艺术作品。西汉时代，统治者的墓室内壁、墓门、斗拱、石坊、祠堂的墙壁，都有画像石或画像砖砌筑。画像石一般都施朱彩，施彩前要对石料进行打磨，但仍有粗糙感，因而又显得随意、自然，造型与雕刻风格相统一。画像石是研究汉代建筑、生活、习俗、观念等有很高价值的艺术品。画像石通常是作为建筑装饰，镶嵌在祠堂、陵阙，更多的是墓室内门侧的砖室上。汉代画像石对于研究汉代的建筑、雕刻、绘画具有很大价值，作为雕刻艺术形式，上承先秦青铜艺术、下开两晋南北朝雕刻艺术的先河。其表现艺术形式可分4个种类：第一类，表现生产活动的纺织（见图3-1）、牛耕等画像，如铜山洪楼所出的纺织图，双沟所出的耕耘图等。第二类，反映墓主经历和生活的车骑出行（见图3-2）、车马乐舞、百戏、庖厨、饮宴等。由此可见，汉画像石中“重世俗”的特色表现得尤为突出。它不仅反映出当时社会生产力的发展状况，也形象地反映了当时人们的某些意识和风俗习惯，给人以栩栩如生的感性印象。第三类，表现东王公、西王母、仙禽神兽等神话故事。黄老之说在汉初是顺乎民心的，汉人在其感召下企慕长生不老、羽化登仙，同时把这所有的一切寄托于神灵的庇佑。徐州人也有这一信仰，如艺术品“糖人贡”。它是用白糖熬化浇模凝固而成的食品艺术，流行于丰县一带，旧时主要作为敬神祭祖的供品，以慰死者及神灵。糖人贡的品种有仙佛、诸神及鸡、鱼、龙、马、狮子、寿桃、城楼、宝塔等。还有，“送老花”是用于老人丧礼的寿鞋、冥枕之上的剪纸花样。它以传说中人死后要过“奈河桥”为背景，即为人行善者入阴间可过“金桥、银桥”；作恶者要过“奈河桥”，吃万般苦。剪纸中有金童、玉女、狗猫、蟾鹅。第四类，表现“孔子见老子”（见图3-3）、“周公辅成王”等历史故事或历史人物。

徐州汉画像石墓葬和汉画像石的题材及绘画、雕刻艺术，有一个发展过程。早期的画像石墓规模较小，题材比较简单，画面也比较粗糙。如沛县栖山的汉画像石墓群，每座墓葬只用数块长方形石板竖砌成棺，画面多为平面阴线，雕刻穿壁纹、铺首衔环等图案。

东汉时期，汉画像石墓葬的形式，逐渐被王侯贵族采用，出现了如茅村、白集、燕子埠、九女墩等大型的画像石墓葬。茅村汉画像石墓室内建筑面积70余平方米，共有画像石19方，分别镶嵌在墓门、前中后3室石壁上，是徐州汉画像石墓的代表。徐州汉代文化璀璨辉煌，题材内容非常丰富，但总的来说，主要由

图 3-1 表现生产活动的汉画像石

图 3-2 表现墓主车骑出行的汉画像石

“写真”和“虚拟”组成。所谓“写真”，就是以现实主义的手法真实、形象地反映汉代社会生活的各个方面。所谓“虚拟”，就是以浪漫主义的手法表现汉代人某些思想意识和宗教幻想。这种“虚拟”有的来自远古的神话传说。如自古以来就有女娲造人和伏羲女娲兄妹结为夫妻繁衍人类的传说等。它是绘画与雕刻艺术相结合的一种独特的艺术形式，是中国文化宝库中的珍贵遗产。两汉时期贵族们生前奢侈享乐，死后幻想来世仍然享受荣华富贵，因此便竭力装饰阴宅，用石刻的形式刻画各种内容的图像用以装饰墓室的石壁及其他附属建筑物，以图造就一个如同人间的生活环境，同时希望来世能够继续享受荣华富贵。迄今为止，徐

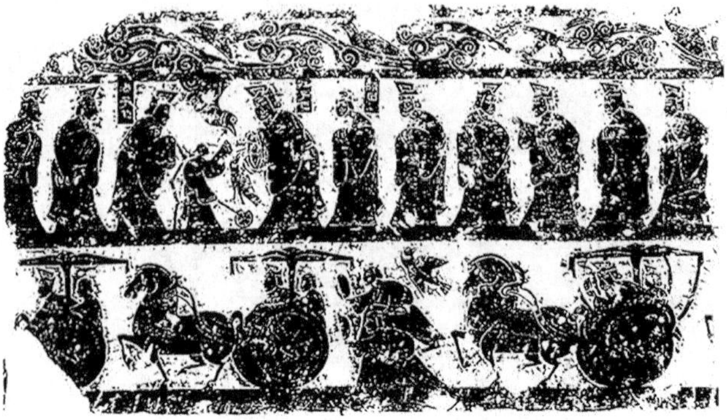

图 3-3 “孔子见老子”汉画像石

州发现和收集的汉画像石众多，现仅徐州汉画像石馆存放已多达 1500 块，成为全国四大汉画像石出土集中地之一。

由于汉画像石是绘画与雕刻的结合，故兼有二者的特征。因为石材打磨不容易，所以又造成画像石画面的充盈性，散点透视，以满为美，主副相配，有意想不到的效果。另有，汉画像石原石有雕刻艺术之美，拓片有剪纸艺术之美，在古代艺术中独具特色。

3.2 泥模

徐州泥模最早出现于西汉，它是中国传统艺术形式之一，现流行于沛县。泥模亦称“孩模”，是专供儿童用泥模印塑小人或小动物的一种玩耍陶模。做泥土手工制作时将泥模当作工具，把胶泥压进这些模子，磕出来就会印上与模子相反的图案，模子上凸起的线条，印成泥模将出现凹陷的线条。

泥模产品的形状为圆形的微型浮雕，直径大约 0.08～0.1 米，厚大约 0.05 米，图案多为阴刻画面形象，凹陷约 0.02 米。

沛县微山湖一带的泥模玩具，据考证始于汉代，经民间艺人的世代相传，形成了沛县泥模的个性风格。20 世纪 80 年代以后，由于对外开放政策的不断深入，也伴随着各种娱乐方式的增多，现代化玩具的多样化，以及民俗民风的不断变化，传统泥模逐渐退出了历史舞台。

沛县泥模在传承发展的过程中，过去从事泥模经营的大多是只会烧制的艺人，而制作模具的传承艺人非常稀少，这种传统手工艺需要具有绘画、雕刻技术的专业人才，还需要泥模烧制匠人的加工，工序比较烦琐。这就需要艺人身怀多种技艺方可单独完成。

沛县泥模线条粗犷、简洁明快，造型简练夸张、生动形象、质朴厚重，突出个性特点，具有较高的浮雕艺术水平，给人既神秘又有力度的艺术感觉，深受人们的喜爱，但这种喜爱成为一种孤独的爱，这种技艺现在已经被列入非物质文化遗产项目加以保护。

泥模本身就是一种民间艺术品，形式、用途都与当地民俗活动、民俗风情紧密联系并发展变化。沛县泥模因为具有传承性和富有雅拙的美感，而且有着鲜明的民间和地方特色，以每年各种庙会时期出现最为集中，深受老百姓的喜爱。

3.3 雕刻

徐州的雕刻技艺源于汉代，雕刻艺术主要是石雕，而画像石最具代表性。徐州画像石前期多阴线刻，凹面刻，构图简单，线条粗犷；后期发展起浅浮雕（见图3-4）、减地平面线刻等多种技法。

泥模雕刻技法与汉画像石前期极为相似，线条简洁豪放，粗犷有力。线刻细腻真切，有阴柔之丽，浑雄苍健，有阳刚之美。阴柔阳刚，体现了中国传统美的基本要素，构图匀整（见图 3-5），充满活力和生活情趣，反映出雕刻技法的应用已较为娴熟。目前徐州各种石雕厂很多，如徐州石雕厂、徐州玉雕厂、徐州市汉王石雕厂等，他们主要生产各类石刻、石雕艺术品。汉画像石是在石头上用刀做笔勾勒出来的一种艺术形式，雕刻技法在学习前人雕刻技术的基础上又有所发展创新。雕刻技法是有早晚发展关系的，上承先秦青铜艺术，下开两晋南北朝雕刻艺术的先河。根据其早晚可分为以下几种形式：

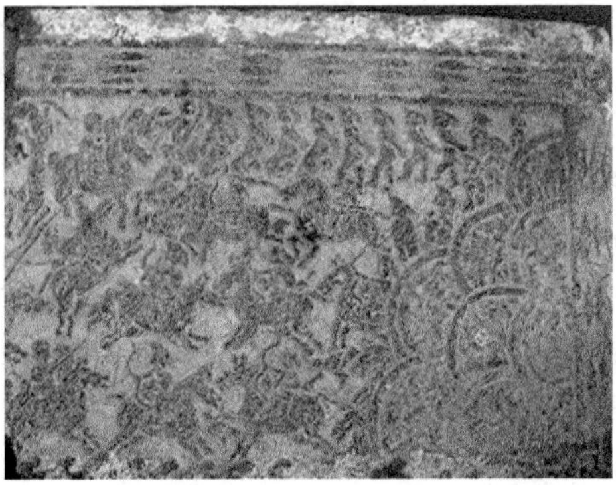

图 3-4 浅浮雕

平面阴线雕：又可分为原生平面阴线雕和再生平面阴线雕。所谓原生平面阴线雕，即在原来打制的较粗糙的平面上用阴刻线条刻制图案，非常简洁，多刻

图 3-5　汉画像石构图匀整

十字穿环；再生平面阴线雕，则是在打制的平面上加工平滑的素面或用细斜线加工成精致的平面，然后在加工的平面上用阴线雕出图像，这种图案也比较简单。

剔地平面雕：也称减地平面雕。此种雕法在汉画像石中比较多见，有剔地深浅之别，又有物象表面平、弧之分。该雕刻法可分为浅剔地平面阴线雕、剔地平面阴线雕、浅浮雕、高浮雕诸种。

浅平面阴线雕：即在平面上先刻出物象轮廓，然后把物象用阴线刻出饰纹。剔地平面雕：做法大体同浅剔地平面阴线雕，唯铲地较深，物象外沿有棱角，更感整齐凸出易辨，多用于祠堂画像。浅浮雕：这种技法在画像中使用较为普遍，一般在东汉时期及以后，约占总数的一半以上，做法是在剔地后的物象外沿部分削成弧形，图内饰纹也较深，亦刻成弧面，立体感较强。高浮雕：即剔地较深，层次分明，立体感更强，作品不太多，如安丘董家庄墓门上的仙人、卧鹿等。

凹面雕：在加工好的石面上，把物象轮廓以内铲成凹面，用阴线刻出细部。

透雕：这种雕法实际是在高浮雕之图像中表现其主体感更强，把画像中的某一部位琢透。

圆雕：即用石头雕琢出某种立体动物，如羊、虎等。

徐州汉画像石的雕刻技法，是汉代形成的一种雕刻艺术，产生于西汉中晚期，其用材、雕法、技法及内容非常丰实。在某种意义上讲，它不仅学习了历代绘画内容，也学习并借鉴了玉器文化中的部分内容和雕刻技法，使之更加完美。画像石前期多阴线刻、凹面刻，构图简单，线条粗犷；后期发展起浅浮雕、减地平面线刻等多种技法。阴柔阳刚，体现了中国传统美的基本要素。构图匀整，充满活力和生活情趣，反映了雕刻技法的应用已较为娴熟。因此它的艺术表现形式、艺术表现手法对后来的宗教雕塑、剪纸艺术等发展起到重要的借鉴意义。

3.4 汉兵马俑

当时的徐州楚王由于主人只是臣属于中央王朝的一个诸侯王，不可能制作秦俑那样规模巨大、形象逼真的陶俑，由此楚国工匠们借鉴了古代青铜器的制作工艺，采用了合模制法。合缝处痕迹明显（见图 3-6），里面均为空心。以当地山土为材料后经烧制而成，刚出土时色泽鲜艳主要为红色、黑色、蓝色、绿色、褐色等，后经氧化变成图中色彩状态，造型夸张、简洁，形态美观。1994 年考古工作者发现了狮子山楚王陵，出土了 4800 多件西汉时期的彩绘兵马俑。陶俑群分布于 6 条俑坑，反映了西汉初年分封在徐州的楚王国军队的整体建制。步兵中既有官吏，又有普通战士，如持长械俑、弓弩手俑、发辫俑等。车兵中则有甲胄俑和御手俑之分，对研究我国古代军事史有重要的意义。而由于作为楚王的陪葬俑，所有陶俑的面部表情则多表现得悲怆肃穆，展示了楚国工匠的杰出制作工艺和艺术表现力。此次发现是继咸阳杨家湾西汉彩绘兵马俑、西安临潼秦代兵马俑之后的第三批重要发现。徐州市政府在原址建立起全国第二处兵马俑博物馆，展出的兵马俑分为兵士俑、官员俑、马俑、盔甲俑和跪坐俑等 5 类。其艺术表现形式均采用泥模手法、合模技术进行烧制而成，造型美观，形态各异，种类繁多，表现手法夸张、简洁、明快、对后世继承其艺术表现手法，影响深远。有史学家感叹：徐州兵马俑的数量和质量不逊于秦朝的兵马俑，具有很高的艺术欣赏价值。

图 3-6 合模技法制作的兵马俑

3.5 两汉时期漆器

从徐州九里山龟山汉墓出土的棺椁、木箱、食器、长条塌几、水器、屏风等物品中可以看到，其造型精美，色彩鲜艳浓重，甚是奢华，多采用，黑、朱红、绿色、金色、白色等色彩。西汉漆工艺基本上继承了战国的风格，但有新的发展，生产规模更大，产地分布更广，如直径超过 0.7 米的盘、高度接近 0.6 米的水器等。同时能巧妙地把若干小件组装成一器，如盒内装 6 具顺叠、1 具反扣的耳杯，薄胎单层或双层的漆奁，内装 5 具、7 具或更多的不同大小及形状的小盒等。新兴的技法有针划填金，用稠厚物质堆写成花纹的堆漆等。尤其是器顶镶金属花叶，以玛瑙或琉璃珠作钮，器口器身镶金、银扣及箍，其间用金或银箔嵌贴镂刻的人物、神怪、鸟兽形象，并以彩绘的云气、山石等作衬托，更是前所未有。西汉漆器多刻铭文，详列官员及工匠名。东汉魏晋南北朝期间漆器的出土，比起前代显得十分稀少，这与葬俗的改变有一定的关系（见图 3-7）。

(a)

(b)

图 3-7　徐州龟山汉墓出土的漆器

(a) 龟山汉墓出土的漆器屏风、桌几等；(b) 龟山汉墓出土的漆器棺椁

徐州两汉时期漆器最重要的视觉艺术表现是花纹装饰工艺特点。漆器花纹装饰绘制方法有 3 种。

漆绘，即采用生漆制成的半透明漆，加入某种颜料，描绘于已髹漆完成后的器物上，在有花纹的漆器中，漆绘占绝大多数。一般是在黑漆地上描绘红、赭、灰绿色漆，也有少量在红漆地上描绘黑色漆的，色泽光亮，不易脱落。鼎、盒、钟、钫、盆、盘、案、耳环等漆器上的花纹大多是漆绘。

油彩，即采用朱砂或石绿等颜料调油（可能是桐油），绘画于已髹漆的器物上，见于食奁、几、屏风等器物。在一些精致的漆器上则系髹黑褐色漆为地，再在漆地上贴金箔（加适量银粉，称清金箔），然后油彩描绘。色有红、黄、白、金、灰绿等。金色颜料似为黄铜粉，已部分锈化为孔雀蓝。这种油彩，因其中的油脂年久老化，所以极易脱落。

针刻，即在髹漆的器物上用针加以镌刻。这种针刻纹，见与卮、奁等小型器件。有的在针刻花纹中夹杂油彩，更加显出精巧纤丽。

徐州两汉漆器花纹主要有3种类型。

几何纹类型,主要有方连变体花纹、鸟头形花纹、几何云纹、环纹、菱形纹、点纹等。

龙凤、云鸟、花草类型。有云龙纹、云凤纹、云兽纹、凤纹、龙纹、云气纹、卷云纹等。

写生动物纹类型,有猫纹和龟纹。

徐州两汉漆器纹饰细致、流畅,花纹除平涂外,大量使用线条勾勒,几何类型的花纹线条,一般比较刚劲;龙凤、云鸟、花草类型的花纹线条,一般比较柔和;至于猫龟绘画,则类似近代写生的线条。有些器物上的花纹,同时使用几种线条勾勒,使画面更加生动活泼。这批漆器在色彩使用上,也达到了很高的水平,一般以黑色作地,或者在黑地外加红色衬色,用朱红和赭色或者朱红和灰绿色作画。彩绘与地色对比强烈,色调典雅而庄重,显得非常富丽,视觉艺术效果非常强烈。

3.6 两汉墓葬建筑

徐州汉代墓葬众多。两汉400年间,徐州共有13位楚王、5位彭城王,大概有18座王陵墓葬。另外达官贵人墓葬更多,因此徐州有十山九墓的说法。西汉王陵墓葬多建于山体当中,开凿石洞、建筑墓室,往往墓室建筑都十分宏大。东汉时期彭城王的墓葬与西汉时期楚王陵相比,风格迥异。一般是在平地或台地上竖穴起坟造墓,有较大的封土堆,均运用大型条石铺设,巨石封口,内有墓道,墓室内部空间分布合理,设有休息厅、迎宾厅、厨房、厕所、储藏室、俑人房,功能齐全,均反映出墓主生前奢华的生活面貌。同时汉墓内发掘出小型汉单阙,汉阙在两汉时期非常流行,它代表死者身份和地位的象征。关于两汉墓葬建筑,为配合汉画像石的装饰需要,匠师接受任务,首要根据墓主要求和经济投入来设计墓葬规模,如果投入大,墓葬即可建造宏伟。建墓大约需要考虑以下问题:第一,选材,是用石灰岩还是用砂岩,石材往往宽大,成长条、方形居多;石灰岩结构细腻,容易表现画像细部,砂岩结构粗糙不宜表现细部。第二,工程量,是建造一室墓、二室墓还是多室墓,是前后室结构还是其他形式,这要看墓主意见和自己的特长、规模大小、墓室的层面和高宽度;第三,是墓室各部位的结构,布局合理,功能齐全,往往开凿难度大。在墓室内多见大型条石,宽大条石铺设墓道,工程量浩大。在汉墓装饰上,作画前,也要清理壁画,以便在上勾画出所要反映的内容,雕琢出各种图画。同时两汉大型墓葬内外均立有汉阙。

3.7 两汉服饰文化

从出土的徐州汉俑造型中反映出两汉服饰在形制上精美而含蓄。精致、有上下联、平面结构和宽松都是传统服饰的特点，形成了传统服饰边缘形状相同的裁片结构，在服装进行缝合的时候使其相互重合，从而形成了一个整体，在同一个平面之上，并且这种看似拼接组合而一体的服饰造型精致，气质华贵内敛，是中国传统服饰元素的重要特点。这种类似的例子有很多，例如，从徐州汉墓中出土的陶俑汉代大袖服装结构来看，精致华贵却不张扬，服装精致庄严而又不失含蓄等，这些服饰都是采用平面设计的造型，造型精致，工艺精良，而棱角不那么突出，用飘带、广袖的模式来修饰整体服装，让人自由随性，既表现了华贵之感，又不会显得过于冒失。

两汉服饰在色彩上注重自然和谐。两汉传统服饰色彩元素在中国传统服饰当中表现得比较突出，已经形成一个体系。这个体系以五行观念为指导，色彩丰富多样，相互之间和谐搭配。两汉传统服饰的色彩构成更加关注的是面料材质本身，而不是依赖其他发光物。这样的颜色构成凸显了中国传统服饰的特色，再配上丰富的图案和装饰，让整体服饰内容更加丰富多彩。这样的色彩变化，让中国传统服饰随着时代的发展不断进步，呈现的样式也更为多样。两汉传统服饰在强调色彩搭配的同时，对色彩代表的象征意义也特别重视，人们根据色彩颜色，分别列出色彩所代表的等级。举个例子来说，在中国传统服装当中，正色(赤橙黄绿青蓝紫)是高贵的象征，多数用来做贵族或者有身份的人的衣着，而间色(中间的颜色)不是正统的颜色，通常是地位比较低的象征，只能用作内衣颜色或者是仆人的衣服(见图 3-8)。

两汉服饰的功能性方面更重视其象征性特点。两汉传统服饰还特别重视服装的装饰，服装上面的装饰也有象征意义。自从汉代以来，一些意识形态倾向在服装装饰当中表现得越来越强，服装装饰的样式总是和当时的社会经济文化生活、伦理道德观念、宗教信仰等方面密切联系。服装中出现装饰物，必定是有一定象征意义的，有很多人把其称为“吉祥”图案，这种吉祥的装饰图案通过文字、图案、谐音等方式来表达内涵，通过平面图形，或是叶边、切口和褶皱等方式来表达，让服装呈现出立体的效果(见图 3-9～图 3-11)，这也是我国传统服装设计的重要特色之一。

(a)

(b)

(c)

(d)

(e)

(f)

图 3-8　徐州汉墓出土的彩色陶俑

续图 3-8　徐州汉墓出土的彩色陶俑

图 3-9　手绘徐州汉墓出土的彩色陶俑

3.8　结语

徐州两汉的视觉元素十分丰富，从出土的汉俑、漆器、雕塑、服饰样式等的实物可以窥见造型各异，纹理清晰，色彩厚重，对石刻艺术的发展等都起到了重要的作用。这些两汉视觉元素的研究对当代艺术设计起到了重要的借鉴意义，也为现代从事艺术设计专业的设计师们提供了创作源泉和创作思路，同时为文化工作者继承和发扬中国传统文化找到了途径。本书对徐州两汉传统文化中的视觉语境的整理，也从艺术角度的视野为弘扬中国传统文化艺术做出应有的贡献。

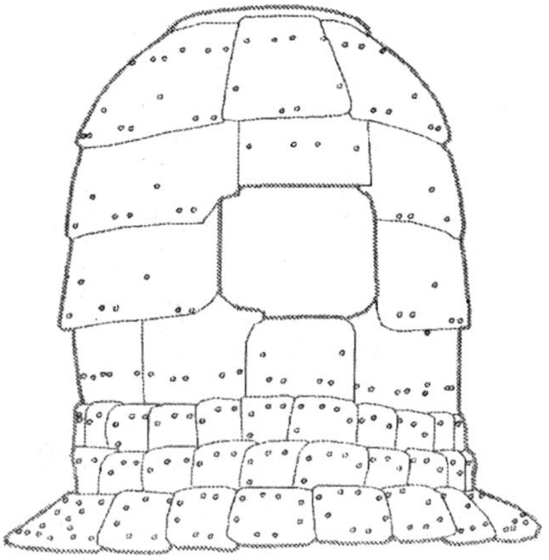

图 3-10 手绘徐州汉墓出土的汉俑头盔

图 3-11 手绘徐州汉墓出土的彩色陶俑服饰

4 徐州两汉艺术风格与国内外艺术风格相关比较

通过对徐州两汉视觉元素的分析和了解，可以看到中国两汉时期艺术在雕塑、漆器、建筑、绘画等方面取得了巨大的艺术成就。徐州两汉视觉艺术在中国古代工艺美术发展史上具有重要意义。我们可以从国内外艺术风格相关比较中印证徐州两汉视觉艺术的重要地位。

4.1 徐州两汉艺术风格与国外艺术风格相关比较

早在新石器时代，原始人的足迹已经遍布于地球的各个角落，公元前4000～前3000年间，他们中间的一些富于挑战精神的共同体以勇敢、坚毅和智慧终于摆脱了蒙昧的自然状态，迎来了最初文明的曙光。中国、埃及、美索不达米亚、南亚次大陆以及爱琴海区域是人类古代文化的中心。中华文化创造了丰富多彩的东方文明，爱琴文化孕育了灿烂的希腊文化，而罗马文化秉承的则是希腊文化的底蕴。在美洲和撒哈拉沙漠以南的非洲，尽管人们脱离野蛮状态、创造文明在时间上要晚一些，但是他们同样也造就了不朽的古代文化。在世界的不同地域、不同历史文化发展背景下，他们都创造了辉煌的、独特的、有各自民族特点的古代艺术，特别在美术方面。

美术是人类文化的要素和重要表征，古代世界美术因各地区有着各不相同的文化背景而呈现出差异极大的基本面貌，埃及美术似乎凝固了的程式，美索不达米亚对装饰性的突出，爱琴美术的明朗欢快，希腊美术理性与感情的和谐结合等，在造型艺术的领域里构筑起一座座人类精神力量的丰碑。另外，在其他地区，如印度、日本等，也都以各自特色十分鲜明的美术创造，丰富着人类无限多彩的美术世界。我们可以从世界各个地域来了解古代美术发展的状况。

4.1.1 非洲的古代艺术

非洲的古代艺术作品极具特色，具有自己的传统艺术审美价值观，主要体现在撒哈拉岩画和雕塑(铜雕、木雕)的艺术表现上，特别是作为世界古代文明的发源地古代埃及美术具有典型的代表性。

撒哈拉岩画:非洲最古老的艺术。根据风格、技术、石垢色泽及动物群进化,主要分布在今阿尔及利亚西北部的古苏尔和阿穆尔山区,撒哈拉中部的阿杰尔高原(主要在阿尔及利亚境内)、乍得境内的提贝斯提高原和利比亚境内的费赞。这批古代艺术作品中,雄伟写实的古代水牛图像十分引人入胜(见图 4-1 和图 4-2)。

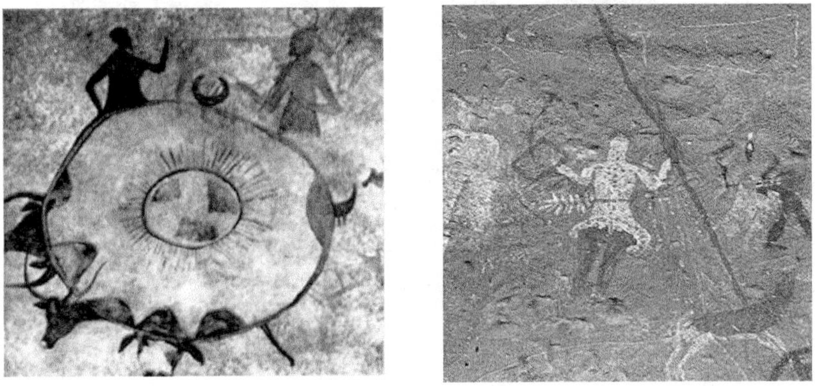

图 4-1 撒哈拉岩画

图 4-2 阿杰尔高原岩画

在古苏尔山区山岩上,人们发现一件优美的绵羊岩刻(见图 4-3),它的头部和躯体是侧面的,2 只犄角有透视关系。图像有 3 米长,并且是用细磨深凿的轮廓线条完成的,刻工精巧,眼睛、耳朵和一些皱纹,历历在目。

除此之外,在不少山岩上,还发现一些体态轻盈的动物形象和狩猎、舞蹈场

图 4-3 古苏尔山区岩画

面。在描绘狩猎、舞蹈的场面中,黝黑的女舞蹈者步调从容,动作柔软;狩猎的射手,动作更富于表情。所有这些描绘撒哈拉古代先民生活的图像,如缓慢的行走行列、在茅舍旁休憩的人们、带着孩子玩耍的父母、做着家务劳动的场面、屠宰野兽的牧人等,都证明这是没有任何宗教内容的艺术。

南部非洲岩画,通常认为这一地区的岩石艺术出自土著居民布须曼人之手。其实,除了布须曼人,其他部族也从事过这种艺术的创作。

来自北方和东方的移民使古老的尼日利亚从中世纪开始在经济、政治和文化上发生了巨大的变化。约鲁巴诸国,如伊费王国,早在欧洲人在非洲贩卖奴隶之前就形成了。伊费雕刻在13世纪前后就已经相当发展(见图4-4)。从出土的大量雕刻作品来分析,可以看出当时伊费雕刻家众多,已能利用失蜡法铸造出优美的雕刻品。这些作品大多数是以写实手法创作出来的,基本上是表现当时居民的日常生活、宫廷生活和宗教风俗的。虽然有些头像上雕有表现刺花的纵纹,但是并没有妨碍形象的完整和鲜明。1910～1912年间,发掘出伊费的首批头像及其残片。1930年起又重新进行发掘。在这些出土的作品中,伊费国王青铜头像、赤陶头像和祭祀器皿最有代表性。

曾经对尼日利亚南部有过很大影响的贝宁王国,雕刻也很精湛,可与同时期的欧洲雕刻媲美。贝宁王国在13世纪从伊费获得青铜铸造术之后,就在贝宁城建造了铸铜作坊,贝宁青铜雕刻是宫廷艺术,大部分作品珍藏在奥巴的宫殿里,于1897年英国殖民者侵入贝宁时被焚毁或被掠走。贝宁青铜头像多半是表现

图 4-4　伊费王国时期的雕刻品

奥巴、母后、公主或达官显贵的。它们被放在祭坛上，用来祭祀祖先。有的头像顶部插上整根雕刻象牙，在象牙上刻有祭祀祖先的节日场面，这种表现形式是非洲雕刻独具的特点。贝宁青铜建筑装饰浮雕，也主要表现奥巴、陪臣、军事首领、欧洲盟友及战争场面等，各种人物形象的社会地位和身份，可以从服装、头饰、挂珠等鉴别出来。浮雕上的人物腿短、腰粗、头大，眼睛、鼻子、嘴的造型有些程式化。

非洲木雕是与崇拜祖先相联系的。人们认为，死亡不是生命的终结，而是生存的另一种形式，因此他们无限崇拜死者。他们认为，死者会经常留在活人中间，并拥有超自然的力量，善良的祖先能够惩罚罪犯；又认为，死者灵魂已离开身躯，需要有一个栖身之处。因此，作者在创作时不注重形似，而着重使雕像具有一种魅力。

从雕刻风格上来看，西部和东部的雕像有显著的区别。在西部，形象比较生动，富于想象力；而在东部，则比较单调、死板。一些雕像具有写实的特点，另一些雕像则像是一个立体的几何形体。丹人、巴乔克维人、约鲁巴人的雕像是写实的，而巴科塔人的作品则具有程式化的特点(见图 4-5)。

非洲许多地区以装饰木雕而出名。扎伊尔的装饰雕刻种类繁多，包括人像木罐、大高脚杯，以及在乐器、斧柄、木床、桌椅、墙板上刻制的装饰木雕。象牙海岸的烟管、安哥拉的木椅，以及喀麦隆的颜料盒上都有雕刻图案，这种图案多为

图 4-5　巴科塔人的作品

古代花纹，其题材以编织花纹为主，间有动物题材，植物题材则少见。这种风格和当时两汉风格相似，但比两汉时期的雕塑更具抽象。

热带非洲雕刻家的创作原则是在非洲各族宇宙观的影响下形成的，这种特点决定了他们的形象思维体系。他们确信自己的才能、自己的观察，以及自己对形式感的深刻理解。在他们的作品中，有一种感人甚深的纯朴、稚拙，同时又具有庄严肃穆之感。

古代埃及的美术活动主要是修建和装饰规模宏大的陵墓及神庙，这与古埃及人特殊的生死观念和宗教信仰有密切的关系。对于生与死，埃及人以为，人的现世生活只是生命存在的一个阶段，人死亡后，灵魂会进入另一个世界，在那儿它需要有一个稳固的立足地，于是，埃及人就建起坚固的陵墓，还在里面布置精美的壁画、作为死者替身的雕塑等，以期使灵魂获得永恒的安逸与幸福。古埃及的宗教属于一种自然的崇拜，尼罗河的规则涨落、农作物定期枯荣、昼夜更替、季节变换等显著的自然变化规律，使得埃及人形成了关于给自然界制定秩序的神的观念。

埃及美术成熟得较早，大约在公元前 3000 年前后就已经初步形成了一套美术创作的形式规范体系，以后虽然历经千年而无根本性变化，造成埃及及各个历史时期美术作品面貌的相似。当然，这套形式规范体系也并非完全凝固不化，在漫长的历史岁月里，它还是历经了某些变化与革新，这使得它拥有持久的生命力。古王国时期是古埃及文明的第一个发展高峰，铜石并用文化达于繁盛，金字塔的建造(见图 4-6)、文字的完善、生产技术的提高与艺术的精美，使埃及文明进入世界古代文明的前列。经第一中间期而到中王国时期，埃及进入青铜时代，这时不再建造金字塔,神庙建筑和岩窟墓流行,文字也由圣书体向僧侣体演变。到新王国时期,埃及成为东方帝国,青铜文明达于全盛,首都底比斯的阿蒙神庙、王陵之谷及尼罗河西岸墓地的数以千计的墓葬,构成古埃及文物的大宗。这时雕像、壁画(见图 4-7)遗存丰富,技艺完美。

图 4-6 埃及金字塔

图 4-7 古埃及壁画

建筑工程和各类工艺品反映了古埃及生产技术的最高水平。新王国时期留下的众多铭文、纸草文献和丰富文物构成埃及学研究的主要内容。后王朝阶段,埃及与欧洲接触渐多,古希腊文献反映的材料丰富了埃及学的内容。希腊人统治埃及时期,埃及文化和希腊文化进一步融合,此时留下的罗塞塔石碑因有古埃及文与希腊文对照,成为法国学者商博良释读埃及古文字的钥匙。

由于国家的出现,国家权力决定艺术的发展,艺术为国家政权服务,也要满足统治阶级的精神需求。这是艺术在当时的作用。为了神化法老和贵族,在题材和表现方法上必须严格服从统治者的要求,这就从根本上决定了艺术的基本法则和程式,并且迫使艺术家按照统治者的意愿来表现对象。

因为宗教对埃及的影响很大,埃及人是虔诚的宗教信徒,甚至法老也必须借助宗教的力量来统治国家。埃及人相信"灵魂永生",认为人在肉体死后,灵魂不灭,只要尸体保存完好,灵魂可以得到永生。因此,当时的雕塑家被认为是能让人永生的人,艺术受宗教的影响很大。

封闭的地域,封闭的民族,其艺术形式单一,在3000多年的历史里,埃及艺术几乎没有多大的变化。无论是绘画还是浮雕(见图4-8),也无论哪一种事物,他们都从它最具独特的角度去表现。只有一个人曾经动摇过古埃及风格的铁门槛,他是第18王朝的一个国王。第18王朝在所谓的"新王国"时期,是古埃及遭到严重入侵之后建立的,这个国王叫埃赫拉顿,是个异端派,他的艺术打破以往的庄严、肃穆,反映更多的生活气息性,但这一趋向没有持续多久,其代表作品有《涅菲尔蒂》。

图4-8　埃及浮雕

几何形式的规整和对自然的犀利观察二者相结合,这是古埃及艺术的特点。在古埃及的艺术里,"装饰"这个词可能很难使用,因为除了死者的灵魂以外,这种艺术无意给别人观看,事实上,那些作品也不想让人欣赏,他们只在意"使人生存"。在残忍的上古时期曾经有个惯例,有权势的人物死后,让他们的仆役和奴隶陪葬。牺牲他们为的是让死者带着一批合适的随从进入冥界。后来,这些恐怖行径不是被认为太残忍,就是被认为太奢侈,于是艺术就来帮忙,把图像献给人间的伟大人物,以此代替活生生的仆役。在古埃及的坟墓中发现的图画和模型就跟这种想法有关,为的是让灵魂在另一个世界有得力的伙伴。

埃及艺术还具有稳定性、纪念性的特点。在埃及社会中最令人惊异的是一切都近于一成不变，艺术风格也相当稳定。因为埃及法老拥有无上的权威，使古代埃及形成一个封闭的具有超稳定结构的社会。在这样的社会中，艺术主要服务于统治者，艺术个性和创造精神被窒息了。另一方面，为显示法老的权威，同时让法老有永远的享乐之地，埃及人修建了大量的金字塔、陵庙和神殿，雕刻了无数巨像。它们都显示出永恒纪念性，使我们今天一看到这些金字塔和石雕就联想到了埃及的古老历史。

埃及浮雕的特点：正面规律，表现人物头部为正侧面，眼为正面，肩为正面，腰部以下为正侧面；横带状排列结构，用水平线划分；根据人物的尊卑安排比例大小和构图位置；填塞法，画面充实，不留空白；固定的色彩程式，男子皮肤为褐色，女子为浅褐或淡黄，头发为蓝黑，眼圈为黑色。

埃及雕塑的程式在古王国就已形成，以后被当作典范沿袭下来：姿势必须保持直立，双臂紧靠躯干，正面直对观众；根据人物尊卑决定比例大小；人物着重刻画头部，其他部位非常简略；面部轮廓写实，有理想化修饰，表情庄严，几乎没有表情；雕塑着色，眼圈描黑，有的眼球用水晶、石英材料镶嵌，以达到逼真的效果。雕塑的形式主要是从数量和种类上的宏大来体现主人的身份和地位，并非表现墓主人个人形象的特点，然后涂以色彩。

综上所述，在特定的地域，特定的人文环境，特定的历史阶段，非洲古代艺术是有其典型的特色。色彩上大胆运用褐色、黑色、红色、绿色、蓝黑色、黄色等表明古代非洲人民有着很强的色彩审美标准；雕塑艺术发展也独具特色，广泛采用各种材料如木材、金属、石材、石英等，造型独特，形态美观，地域特色鲜明，宗教色彩浓厚，信仰图腾等崇拜物。埃及的墓葬特色在非洲古代艺术中比较典型，注重形式，工程浩大，建造雄伟，雕塑格式严谨，与当时的王权和宗教信仰着有密切的关系。

4.1.2 美洲的古代艺术

据说德国画家阿尔布雷特·丢勒曾亲眼见过从美洲带来的艺术品，他对这些设计新颖、创作大胆的作品发出了由衷的赞叹，但古代美洲艺术品的价值在欧洲得到普遍的重视是20世纪初的事情。西方现代美术运动改变了人们对艺术的传统认识，使得美洲艺术品同非洲一样，逐渐受到世人瞩目。

人们习惯把生活在美洲大陆的土著居民统称为印第安人，他们可能是公元前3000年前后从亚洲经阿留申群岛迁移到美洲的。他们散居在大陆各地，创造了丰富多彩的印第安文化。印第安美术作品的种类繁多，其中有许多是日常生活用具，也有用于严肃的宗教活动或王室典仪的，在制作上大都比较讲究，尤其在中美洲文明发展程度较高的部族中更是如此。北美印第安美术、中美洲的玛雅美术、墨西哥的阿兹特克美术，以及安第斯山区的印加美术代表了古代美洲美术的突出成就。

在16世纪西方殖民者进入北美洲大陆之前，印第安人各族间文明程度差异很大，中部大平原地区的印第安人过着定居的原始生活，而西南地区的印第安人已经建立起稳定的村落，农耕经济欣欣向荣，甚至还凭借大陆内部稠密的水网，发展部落间的贸易。北美许多地区都发现有印第安人的土丘，这些土丘多以泥砖堆砌而成，形状有的近似金字塔，有的似动物或鸟类；功能也各不相同，诸如作为墓室、庙宇或普通居所等。

在建筑方面，古代玛雅人修建了不少金字塔（见图4-9）。在没有金属工具、没有大牲畜和轮车的情况下，古代玛雅人却能够开采大量重达数十吨的石头，跋山涉水、一路艰辛地运到目的地，建成一个个雄伟的金字塔。金字塔最高的可达70米，其规模之巨大、施工难度之高，令人吃惊。古代玛雅的金字塔和古埃及的金字塔在建筑形式上有着明显的不同。在形状上，埃及金字塔的塔顶是尖的，而玛雅金字塔却是平顶，塔体呈方形，底大顶小，层层叠叠，塔顶的台上还建有庙宇；在用途上，埃及金字塔是法老的陵墓，而玛雅金字塔除个别外，一般是用来祭祀或观察天象的。除金字塔外，玛雅人还兴建了不少功能性强、技艺高的民用建筑，主要有：房屋（包括庙宇、府邸、民居等）、公共设施（球场、广场、集市等）、基础设施（桥梁、大道、码头、堤坝、护墙等）和水利工程（水渠、水库、水井、梯田）等。

图4-9　玛雅金字塔

此外，玛雅人在壁画、雕刻（见图4-10）、彩陶等方面均有很高的水平。绘画多为壁画，也见诸陶器和古抄本；使用多种颜色，颜色来自于植物和动物；手法是写真的。工具有鸟羽和兽毛制作，还有形同我国毛笔状的绘画工具。

雕刻方面，按所使用的材料，可分为石刻、木刻、贝雕、玉雕、骨雕和泥塑等。石雕有2种：一为独立石雕（石柱、石碑和石座等），一为房屋和其他建筑物上的饰刻。泥塑多用于房屋建筑和墓穴中，有人物、飞禽、走兽、爬虫等形象，还有铭文。另外，中美洲玛雅人的宗教是多神教建筑（见图4-11）。

图 4-10　玛雅雕刻

图 4-11　玛雅多神教建筑

中美洲的阿兹特克文明是墨西哥古代阿兹特克人所创造的印第安文明，是美洲古代三大文明之一，主要分布在墨西哥中部和南部。

阿兹特克文明在发展过程中，吸收了托尔特克文化和玛雅文明的许多成就，但自己也有独创。阿兹特克人的陶器和绘画均极精致，建筑和艺术也达到相当高的水平。首都特诺奇蒂特兰的公共建筑物多以白石砌成，十分宏丽壮观。一般房屋的周围，在固定于水面的木排上种植花草，形成水上田园。城中心的主庙基部长 100 米、宽 90 米，四周有雉堞围墙环绕，塔顶建有供奉主神威济洛波特利和雨神特拉洛克的神殿，其祭坛周围有蛇头石雕，坛下发现的重达 10 吨的大石上，刻有被肢解的月亮女神图案。1790 年在墨西哥城中心广场发现的"第五太阳石"直径近 4 米，重约 120 吨，刻有阿兹特克宗教传说中创世以来 4 个时代的图像，代表了阿兹特克人石雕艺术的高度水平。阿兹特克人是优秀的建筑师。首府特诺奇蒂特兰是一座岛城，有 3 条宽达 10 米的石堤与湖外陆地相通，石堤每隔一定距离就留一横渠，渠上架设吊桥，可随时收放，以防外敌入侵。城内建有宫殿、神庙、官邸、学校，建筑宏伟，最大一座金字塔台庙其规模甚至可与古埃及的媲美。有史学家称美洲人主要是亚洲人的后裔,他们从美国阿拉斯加进入美洲大陆的各个角落。他们的长相、肤色、习性等方面和亚洲人很相像。从玛雅国王棺上的雕塑龙的形象上我们就可看出,他们对神的崇拜、对死亡的认识和中国古代人们的认识也很相似,和两汉时期的人们一样对墓葬形式很重视。

宗教在阿兹特克人生活中占有重要地位。居民相信灵魂永存,并相信存在至高无上的主宰。他们崇拜自然神,国王被看成神的化身。

印卡文明又译印加文明,是以古代印卡人为代表的印第安文明,为南美安第斯地区的古代文明,是美洲古代三大文明之一。印卡,意即"太阳之子",是安第斯地区讲克丘亚语的印第安人对他们首领的尊称。印卡人文化上的成就突出表现在雄伟的巨石建筑方面。在库斯科、萨克萨瓦曼、马丘比丘等地用巨石建成的宫殿和城堡,石块之间结合紧密,以致刀片也难以插入,有的城堡建于陡峭山崖,高耸入云。为了治理这个幅员辽阔的国家,印卡人修建了 2 条大道,一条称"海岸大道",一条称"高原大道",形成贯穿南北全境总长 1.8 万千米的道路网,沿途设有驿站,供信使传达信息。其建筑风格工程较大,技术难度高,造型严谨,制作技术高超,与徐州两汉龟山汉墓的开凿水平大体一致。

综上所述,古代美洲艺术也非常有地域特色,我们从北美印第安美术,中美洲的玛雅美术、墨西哥的阿兹特克美术以及安第斯山区的印加美术可以看出,他们代表了古代美洲美术的突出成就,建筑难度也比较艰巨,宗教信仰也很浓厚,崇拜太阳、月亮。古代玛雅的金字塔和古埃及的金字塔在建筑形式上有着明显的不同。埃及的金字塔的塔顶是尖的,而玛雅金字塔却是平顶,塔体呈方形,底大顶小,层层叠叠,塔顶的台上还建有庙宇;在用途上也不一样:埃及金字塔是法老的陵墓,而玛雅的金字塔除个别外,一般是用来祭祀或观察天象的。雕塑按所使用的材料分,可分为石刻、木刻、贝雕、玉雕、骨雕和泥塑等。石雕有 2 种:一为独立石雕(石柱、石碑等),一种为房屋和其他建筑物上的饰刻。泥塑多用于房屋建筑和墓穴中,有人物、飞禽、走兽、爬虫等形象,还有铭文等。

4.2 徐州两汉艺术风格与国内其他地区两汉艺术风格相关比较

根据有关资料记载,两汉汉画像石现已出土被收藏的有 10000 余块,其中河南 3000 块、江苏 2000 块、山东 2000 块、四川 500 块、陕西 500 块、安徽 500 块、山西 300 块,湖北、浙江、北京、贵州等地约 1200 块,在外国有日本国立东京博物馆、英国大英博物馆、美国大都会博物馆和加拿大的一些博物馆、美术馆都收藏有数量不少的中国汉画像石。从全国而言,汉画像石的分布主要集中在以下 4

大中心片区:河南南阳、鄂北区;苏北徐州、山东、皖北、豫东区;陕北、晋西北区;四川、滇北区。我们可以大体从中、西、东部即河南南阳、陕北、山东 3 个地区的汉画像石进行比较。

4.2.1　河南南阳汉画像石

南阳汉画像石的历史形成时期主要在西汉后期。南阳汉画像石(见图4-12)以其博大精深的内容镌刻出形象化的汉代百科全书,在古拙素朴的形式里显示出深沉浑厚的气势美。汉画像石是汉代墓葬中的建筑材料,也是一种以刀代笔、以石为质的石刻艺术品,其内容和构图随着时代的发展而呈现出明显的变化。早期作品布局疏朗,内容单调,内容多以门阙楼阁为主;中期作品内容丰富,题材繁多,上至天文,下至地理,并注意到了对空间的修饰;到了晚期,构图就逐渐趋于简单的图案画了。目前发现收藏 1500 块左右。

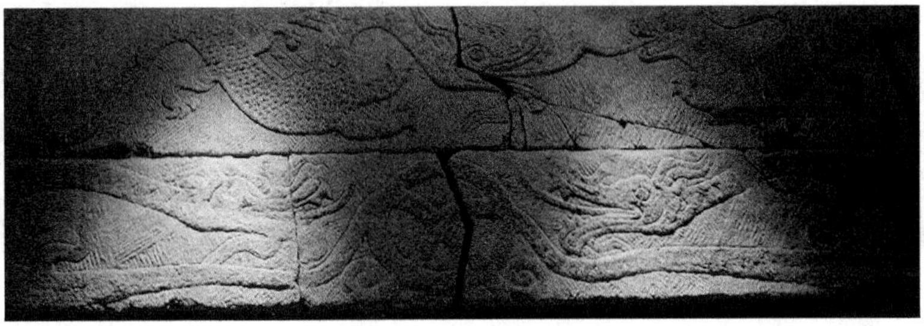

图 4-12　南阳汉画像石

河南南阳汉画像石主要包括 2 个方面的内容:

第一,汉代天文科学知识。汉代是我国天文科学高度发展时期,先民们已掌握了五大行星在内的星宿的视觉运动规律,对日食、月食和太阳黑子的记录已很详细,并初步认识了各种天象所产生的原因。如画像石上的北斗七星图:北斗星居于天体的中央,绕北极星旋转,一年四季也不会落下。

第二,玄妙汪洋的神话世界。这里不仅有东王公、西王母和伏羲、女娲两对主神,更有风伯、雷公、河伯、门神等,在神祇族系里,他们地位显赫,秉天受命,各尽其职。还有我国最早的门神:神荼和郁垒。

南阳的画像石体现的是中原文化的特征,构图疏朗,语言质朴,意境深远,主题浪漫,以其泼辣、豪放而自成风格。艺术风格方面具有如下突出特征:雕刻技法多样化,主要可分为平面阴线刻、凹面阴线刻、平面剔底浅浮雕、横竖纹衬底浅浮雕及局部的高浮雕等。其中又以横竖纹衬底和平面剔底浅浮雕为最多。画面布局疏朗,主题鲜明突出,大多为一石一主题的构图,形象刻画不饰细部,注重整体效果。简略的大轮廓显示出粗犷、豪放的审美特点;恰当的夸张和变形使南阳汉画迸发出一种震撼人心的力量和气势;画像线条流畅,动感强烈,充盈着浪漫洒脱的美学情趣。

4.2.2 陕北汉画像石

陕北汉画像石的形成时期为西汉后期,主要集中在陕北榆林、绥德、米脂、榆阳、神木、清涧、横山、靖边等地。陕北汉画像石的题材内容主要有:反映墓主经历和生活的车骑出行、乐舞百戏、庖厨、饮宴等,反映汉代人民思想观念和科学文化的神话传说、神仙、祥瑞、辟邪、历史故事、天文以及生产劳动等(见图 4-13)。从中可以看出黄老之说在汉初是顺乎民心的,汉人在其感召下企慕长生不老、羽化登仙,同时把这所有的一切寄托于神灵的庇佑。汉画像石中"重世俗"的特色也较为突出,它不仅反映出当时社会生产力的发展状况,也形象地反映了当时人们的某些意识和风俗习惯,给人以栩栩如生的感性印象。

图 4-13　陕北汉画像石

陕北汉画像石在制作上为就地采石、打制磨光、减地阳刻,表现形式或拘于传统绘画风格,或极度夸张奔放,既突出主题又精于细部画面生动活泼。画像多用墨线勾勒线条,纤细流畅,人物形象、衣物皱褶、动物羽翼等刻画得细致准确。画像不但有大面积着墨之处,还见朱、白、赭、蓝、黄诸色描绘图案。在技法方面,陕北汉画像石只存减地平面阳刻一种较单一的雕刻技法,而无早期的阴线刻和较晚的浅浮雕相印证。

4.2.3 山东汉画像石

山东汉画像石画像形成历史时期比徐州汉画像石画像的历史形成时期相对晚一些,主要集中在山东的枣庄、滕州、济宁等地。根据题材需要和所处的部位采用了不同的雕刻技法,其中绝大多数是凿纹减地浅浮雕,少数为减地凹面阴线刻,个别画像采用了高浮雕和透雕技法(见图 4-14),有时同一幅画像也使用了多种雕刻技法。

山东汉画像石画像雕刻设计规范,手法娴熟,表现了汉代高超的石刻艺术水平。画像题材多种多样,表达内容非常丰富,基本分为以下几类。

图 4-14　山东汉画像石

第一类：反映墓主人车马出行、拜谒、乐舞百戏、渔猎等社会生活内容。

第二类：反映升仙得道思想的神话人物、奇禽异兽等民间传说内容。

第三类：历史故事。

第四类：反映生殖崇拜观念内容。构图方式主要为单体和满构图 2 种形式。

综上所述，以徐州两汉时期汉墓建造的历史来分析，其历史时间最早，楚王刘交与刘邦关系密切，地位显赫，发掘历史证明墓葬建造历史最早比南阳、陕西、山东等地建造时间早。汉墓建造规模大，徐州狮子山楚王陵内部面积为 851 平方米，龟山汉墓内部面积为 700 多平方米，这是目前发掘两汉汉墓建造面积最大的。出土文物众多研究价值高，如金缕玉衣、银缕玉衣、汉兵马俑、铁铠甲、玉棺、玉豹、水晶带钩、刘注银、鎏金兽形砚、铜牛灯等珍贵文物，皆属价值连城的国宝。汉画像石的研究价值高，徐州汉画像石的题材很广泛，涉及生产、生活、神话故事、历史故事等各个方面。

徐州汉画像石的表现形式多样，规模大，雕刻技法多样，而南阳、陕西、山东等的表现形式没有超出徐州汉画像石的表现形式。徐州汉画像石是多种技法并存，主要有以下几种：阴线刻；凹面阴线刻；减地平面阴线刻；弧面浅浮雕；透雕。这 5 种雕刻方法有一个共同特点：形象简括，不拘形似，古朴豪放，求整体生动，这种审美意识影响下创造的汉画像石重表现艺术特征，在汉以后各时代的造型艺术中得到了延续和发展。南阳、陕西、山东等两汉雕刻技法也是在其基础上发展和沿用其技法的。徐州汉画像石有它明显的构图程式，大都通过分格分层或单图独幅来表现内容，在这些构图程式中，内容和结构略有变化，但整体布局相似，大约有以下几种：主要人物居中，两侧物像相对称，画面结构追求平稳的装饰美;以一物像居中,人物鸟兽等穿插其两侧,并基本布满全局,呈对称布局;以人或物为主,占画面一角显著位置,周围辅以物像延至其他两角,空出一角留白;独幅画面,只一物(或一人),构图几乎完全对称,图像简洁、粗犷。以上几种构图形式,每种约有 5 幅以上,反复运用同一种构图的表现形式,是徐州汉画像石艺术表现的特色之一。因此,徐州两汉汉画像石研究价值极高,在全国两汉汉画像石中具有典型的代表性。

4.3 徐州两汉艺术风格与中国石窟艺术风格相关比较

中国石窟的开凿起源于印度,特别是西汉后期佛教传入中国,促使石窟艺术发展,从西汉后期延续至明清,长达近 2000 年之久,尤以北朝、隋、唐、宋、元各代更为盛行。无数艺术匠师们根据当时的宗教信仰、社会风尚,并结合他们自身的生活感受,以及在吸收外来文化艺术的基础上不断有所创新,形成中国特色,反映了中国封建时代的思想文化和社会生活,集建筑雕塑和绘画艺术之大成。

中国石窟艺术充分展示了中国历代佛教石窟的文化内涵、流光溢彩的独特艺术魅力和韵味醇厚的审美理想。千百年来,人们从不同角度,通过不同的感受和体验去理解它、发现它,乃至拜倒在它的脚下。时至今日,朝拜者和观光旅游者们仍络绎于条条通往敦煌莫高窟、麦积山、塔克拉玛干等佛教石窟圣地的大路上。佛教石窟艺术汲取了汉文化丰富的精华,在中国大地上扎下了深厚的根基。千万座大小不同、风格各异的石窟,辉耀着佛教文化的瑰丽光芒,其丰富的内涵、高度的艺术成就、悠久的历史、宏大的气势、优雅的造型、独特的审美,举世瞩目。

中国主要石窟有甘肃敦煌石窟(见图 4-15)、天水麦积山石窟(见图 4-16)、山西大同云冈石窟、河南洛阳龙门石窟、四川大足石窟、乐山大佛等。它们随山雕琢、彩绘,形象生动自然,具有极高的艺术价值和研究价值。我国石窟艺术尽管时间不同、地域不同,但它们所表现出来的基本特征是相同的。

石窟环境几乎无例外地都选择在远离闹市的山清水秀之处,环境本身就给人一种世外桃源的感觉,与佛教绝情洗欲、向往彼岸佛国净土的主张相合拍。如敦煌莫高窟,在茫茫沙漠之中、鸣沙山下一湾溪水环绕,树木繁茂,绿草如茵,沿山开窟造像,佛国净土的幽静美丽,会给千里跋涉越过荒漠前来朝圣的信徒们以强烈的感受,好像他们真的来到另一世界。

石窟位置的选择,也会给礼佛者造成感情震动。如龙门奉先寺、宾阳中洞,凿建在龙门西山南部山腰,朝拜者需要走一段山路,到山下还需沿山坡小路攀登,才能见到造像,路途的艰辛,会加重礼佛者的虔诚,更充分地酝酿感情。想急切朝拜佛像而不能立即见面,经过跋涉攀登,造像突然出现在面前,灵魂一下子

图 4-15 敦煌石窟

图 4-16 麦积山石窟

就会被征服。

中国的石窟艺术，在不同地区，呈现出不同的特色。中原地区的山西云冈(见图 4-17)、河南龙门(见图 4-18)等石窟多开凿于北朝(约公元 4～6 世纪)，突出的特征是带有强烈的皇室经营色彩，有的窟中雕刻的主佛还被认为是当时皇帝的化身。如云冈著名的"昙曜五窟"主佛就与北魏复兴佛法的文成帝有关。龙门宾阳洞造像和河南巩县石窟造像更是由北魏孝文帝和宣武帝直接主持开凿，窟内大幅横向展开的“帝后礼佛图”浮雕，形象地再现了孝文帝、宣武帝和后妃们礼佛的隆重场面，气势恢宏热烈，浮雕精美传神。位于北齐邺都（今河北临漳）附近的响堂山石窟，因与北齐开国者高欢关系密切，历史上被传为藏储高氏遗骨的“瘗窟”。开凿于盛唐时的龙门奉先寺大卢舍那佛像，是女皇武则天用自己的私房钱赞助完成的，史载她曾“助脂粉钱二万贯”，此像端庄秀丽，仪容华贵，人称是武则天本人的化身。由于皇室的直接经营，能够保证最大限度地投入财力和物力，并集中使用技艺高超的工匠，因而上述石窟不仅规模宏大，而且有超凡的艺术成就。

图 4-17　山西大同云冈石窟

图 4-18　河南洛阳龙门石窟

中国石窟除壁画和泥塑均妆彩之外，其他石雕作品，包括所有造像及纹饰图案不论圆雕或浮雕，原本也是一律妆彩的。只是由于岁月的流逝，大部分石窟雕刻裸露为石质本色，只有少数石雕还明显可见原来的缤纷色彩。而后期的石窟艺术，雕塑手法受到了两汉时期的重要影响，在技法表现形式上实际是对两汉雕刻技术的沿袭和传承，但形式和规模上更为雄伟宏大。

驰名中外的龙门石窟，位于河南省洛阳城南 12 公里处，香山与龙门山对峙，伊水于山间北流，远望犹如一座天然门阙，史称“伊阙”。战国时期，秦名将白起曾在这里大破韩、魏联军，隋朝建都洛阳后，因宫城面对伊阙而始称龙门。著名的龙门石窟就密布在伊水两岸长达 1 公里的两山崖壁上，它同甘肃的莫高窟、山西的大同云冈石窟并称为中国三大石窟艺术宝库。1961 年，国务院将龙门石窟公布为全国重点文物保护单位。龙门石窟开凿于北魏孝文帝迁都洛阳前后，历经东魏、西魏、北齐、隋、唐、宋等时期，雕琢不绝。据统计，东西两山现存窟龛 2345 个，碑刻题记 2800 余块。

综上所述，中国汉传佛教石窟的修建，以弘扬传播佛教为其重要目的之一，其艺术因此而独具风采，艺术风格符合华夏民族的审美习惯，颇富生活气息。不少石窟内佛塔的修建、窟顶的形状与装饰、前堂和窟檐及廊道等的雕刻与形式，融入了很多中国特色。在雕刻表现形式上，石窟是在两汉阴线刻、凹面阴线刻、减地平面阴线刻、弧面浅浮雕、透雕基础上的延续和发展，出现了更为立体化的浮雕、圆雕。在壁画的表现形式、表现方法上，石窟也是典型的两汉汉画像石的延续和发展，色彩以黑、红、褐、白、蓝、绿等为主，并且注重线的表现和运用。

4.4 徐州两汉艺术风格与中国民间艺术风格相关比较

两汉文化对中国民间艺术影响是广泛的，涉及的方面也很广，中国民间剪纸艺术也是根据汉画像石的黑白艺术效果中感悟出来的。汉以前的刺绣艺术表现粗糙，汉代开始展露艺术之美。因为汉代经济繁荣，百业兴盛，丝织造业尤为发达；又因当时社会富豪崛起，形成新消费阶层，刺绣供需应运而兴，不仅已成民间崇尚广用的服饰，制作也迈向专业化，尤其技艺突飞猛进。从出土实物看，绣工精巧，图案多样，呈现繁美缛丽的景象，两汉刺绣艺术堪称这项民族工艺奠定优秀的传统。汉造纸技术的发明为其他各种艺术的发展和繁荣奠定了前提条件。考古工作者从两汉墓葬中发掘了大量的文物，其中有为数众多的陶俑、陶兽、陶马车、陶船等，有手捏的，也有模制的。汉代先民认为亡灵如人生在世，同样有物质生活的需求。因此，丧葬习俗中需要大量的陪葬品，这在客观上为泥塑的发展和演变起了推动作用。

多年前，为了研究我国的民间艺术，艺术研究工作者借用了“民艺”这个词，曾引起了一些不同的议论。实际上，“名无固实，约之命实”。20 世纪 30 年代，日本民艺学家柳宗悦在使用这个词时，其范围并不大。因为是两个汉字，字义明确而使用方便，我国的艺术研究工作者便选用了，并为其作了自己的解释：民艺之“民”是指民间和大众，民艺之“艺”是指艺术、工艺和技艺。现在又出现了一个“非物质文化遗产”，搞得沸沸扬扬，好像是一种新事物，引起了不少人的兴趣和重视，当年被视为“不能登大雅之堂”的东西，而今被联合国教科文组织重视起来了，看来确实是好东西。民间艺术首先是民众精神活动的结果，与哲学、宗教、法律、神话一样，作为人类的造物活动它是人类的精神产品，具有人工性，而非自然物。另一个方面，民间艺术与其他精神产品不同的是，它以一种物化的，可视、可触、可感的实体形象显现在人们面前而客观存在。这正是奥地利著名哲学家卡尔·波普尔“三个世界”的内容和特征。

因此，民间艺术在近年出版的《中国美术辞典》《中国工艺美术大辞典》条目中，载有“民间工艺”和“民间艺术”。“民间艺术”包括“绘画、雕塑、剪纸、灯彩、金银首饰以及其他工艺美术”；而工艺美术条目里，则出现了“大多数在民间流传的，木版印神像(纸马)、门神以及雕刻佛像和供具”品类。

民间艺术品类很多，凡与人民生活接触的地方，都可以找到它，如果大致做个分类，不外乎 3 种：第一种，独立欣赏性质的，不依附于实用器物或建筑物上的；第二种，附属于生活用品或其他手工制品上的；第三种，既不能作为独立欣赏品，又不是附之于任何物品上的。

第一种：木版年画、影壁画、灯画、磨漆画、编纸画、织绣革丝画、堆花绫、玻璃画、泥人、面人、瓷人、壁毯、壁饰、脸谱、花灯、画蛋、剪纸、石刻线画、通俗读物插图等(见图 4-19 和图 4-20)。

图 4-19　木版年画、影壁画、灯画等

第二种：蓝印花布、绣花衣、砖雕、木雕、首饰、竹编、草编、纸牌画、皮影、木偶人、龙凤蜡烛、糊墙纸、筷子桶、葫芦烫画、陶瓷、扇画、描金箱柜、地毯画、戏装画等(见图 4-21 和图 4-22)。

第三种：木刻纸马(神佛、祖师像)、喜神(祖宗遗像)寺庙壁画、神佛雕塑像、藏画等(见图 4-23 至图 4-26)。

综上所述，民间艺术可以解释为人民的智慧或人民的艺术，因为一个民族的

图 4-20 面人、剪纸

图 4-21 皮影

图 4-22 民间戏装帽子及手编龙凤呈祥

风俗习惯和劳动人民创造出来的文学艺术(民间艺术),都来源于一定的社会生活,尤其是民间艺术最能体现出本民族人民的思想感情、性格特征、理想愿望、心

图 4-23　唐卡吉祥天母

图 4-24　唐卡释迦牟尼本生如意树

图 4-25　唐卡黑文殊菩萨

图 4-26　寺庙壁画

理素质、爱憎和审美要求等。通过对民间艺术或民间文艺形式所反映出来的风俗习惯的研究，可以更具体、更形象地认识该民族的形成、特点及社会历史发展的概貌。没有民间艺术这些形象材料，就很难把问题说清楚。因此，中国民间艺术受两汉文化影响较重，民间艺术形式很多，流传至今，异彩缤纷，各具特色。这些都是从两汉艺术品中派生和发展起来的。

4.5 徐州汉画像石的视觉绘画性语境

4.5.1 汉画像石的绘画内容

汉代时期推崇儒家思想，阳刚行健，又集道家的空无阴柔，在文化上“兴太学、协音律、重辞赋、开建安风骨”。汉画像石的内容不是凭空想象的，它与社会生活、思想观念有着紧密联系，所谓“恶以诫世，善以示后”，以反映现实世界的事物为题材，再现了汉代社会生活的各个方面，表现了人们对现实生活的眷恋，同时以浪漫主义手法，创造出当时人们幻念中的鬼神世界，体现了人们对死后的追求。

(1) 出舆入辇、宝马雕车：汉代主要的交通工具是车马，同时车马是汉画中最流行的题材。徐州汉画像石馆大量的汉画像石车马出行图，生动地再现了汉代车马制度迎候的礼仪。

(2) 分曹并进、六博游戏：汉画像石中最常见的游戏内容为六博。六博的历史悠久，东汉许慎《说文解字》载：“古者乌曹作博”，《世本・作篇》也说“乌曹作博”。乌曹是夏桀的臣子，距今3500多年了。博戏为二人投骰行子，以筹计数。

(3) 耕耘稼穑、饮食为天：汉代人特别重视饮食及饮食的礼节文化。徐州汉画像石中大量的图像表现了当时人们的饮食文化。古代，人们多把厨房设在正堂之东，因此 也叫“东厨”。曹植《当来时大难》诗中说：“日苦短，乐有余，乃置玉樽办东厨”。

(4) 丽服扬靓、乐舞百戏：徐州汉画像石中常见的乐舞表演有长袖舞、建鼓舞、傩舞等，还有大型的广场演出，杂技节目也是琳琅满目。

(5) 止戈为武，征战修兵：徐州汉画像石中反映习射比武、格力竞技的内容特别丰富。东汉建武九年(33年)至延熹元年(158年)，东汉王朝与匈奴进行了一场长期大规模的战争，汉画像石将这一重大历史事件记录下来。

(6) 光怪陆离，神话传说：汉画像石中有东王公、西王母、三足乌、九头兽、昆仑仙境、珍禽异兽等。汉画像石的内容几乎都是反映社会生活、宫廷礼制、社会习俗，形象地揭示了百姓生活、宫廷礼仪和神话传说。汉画像石的传承性很强，目的性很强，是严格按照当时礼制和受制于宇宙观的反映。人生活在现实世界，总被这样的自然灾害和那样的人间苦难所纠缠，生命又被幸福的向往所吸引而存在，然而死亡不仅带走青春和生命，还构成了恐惧心理。

4.5.2 汉画像石的绘画性手法

（1）线刻类：鉴于石刻和绘画的区别，再加上石头本身的硬度，仅凭画工的线条是勾勒不出事物生动的形象的，因此石刻工匠就起到至关重要的作用。首先，我们可以从线刻手法看到生动的线条表现出的画面的柔和美。其次，通过凹凸刻手法可以看到画面的跌宕起伏，生动酣畅。整个西汉时期绘画和雕刻的总体风格特征即是以简约灵动、粗犷酣畅为美。

（2）浮雕类：为了突出事物的立体感，习惯将图像外的留白进一步打磨、削底，更加突出主体物象，从而获得强烈的立体视觉效果。这时候的雕刻已经有了浮雕的特征，甚至有一些汉画像石采用了镂空的雕刻技术，这样从视觉上给人高浮雕浅浮雕的效果，增强了图像的视觉冲击力。徐州汉画像石馆陈列的大量的汉画像石把高浮雕浅浮雕的视觉效果体现得淋漓尽致，从中不难感受到汉代画家和雕刻家不断探索汉画像石丰富性的精神。

4.5.3 汉画像石绘画语言的美学特征

（1）“形”与“神”的结合：艺术中最常说的就是形神兼备，即形与神的结合——事物造型的动态和神态。它广泛运用于绘画、书法、雕刻、陶艺各个领域。荀子的“形具而神生”和顾恺之的“以形写神”都是主张艺术的形和神的重要性，目的即通过事物的动态表现其神态。汉画像石不管是描绘普通的日常生活还是宫廷的礼仪制度，或是仙禽神兽，都是借助灵动的线条、精准的刀刻描绘生动的物象神态。比如对仙禽神兽的刻画，那矫健的身姿在天地间肆意遨游，雄视一切的气势，不仅表现了这一特殊区域在文化上少礼教、尚气力、难驾驭，更是朴素豪迈的民风在艺术上的坦露、心迹世界观乃至性情上的反映。

（2）气韵、意境：所谓“气韵”即感觉的产物，它控制画面的整体倾向，明确地反映所描绘的事物的本质。不仅对画面的构成，对雕刻手法、画面的精神也都有很高的要求。我们在分析汉画像石的时候，应该了解气韵和意境反映的是事物最本质的东西。汉画像石中似乎把物象的气韵和画面的意境发挥到前所未有的阶段，汉画像石是建立在封建帝国的成熟鼎盛时期，所以无论从石刻的技术、艺术家的思想还是文化的精神都展示了丰富的想象力和创造力。

（3）节奏、韵律：汉画像石还有一个非常突出的特色，从外形上看充满韵律和节奏。汉画像石尤其是乐舞百戏题材的，舞者的身姿动态都充满节奏感，形象地体现了一种抽象的音乐状态，它有一种跳跃的热情，洋溢着旋动的生命。形神如空，行气如虹，可想当时的艺术家是通音律的，否则那飒然风起的舞姿不会如此妩媚多娇，它令人感受到了内在旋律来自于玄冥的宇宙，带着生命的激情，深不可测，堪称绝妙。

4.6　汉画像石的传承与发展

中国的历史文化最值得被重拾和弘扬推广的无非就是汉唐文化，而汉代是中国历史发展过程中极为辉煌而璀璨的一段时期，也为华夏文明的传承奠定了基调，如汉语、汉字、汉族、汉书、汉人等。通过研究发现，中国汉文化遗留最多的地区就是徐州。徐州的汉文化表现在很多地方，各具特色的民间工艺品，拥有完整艺术风格和艺术体系的棒子戏、柳琴戏，从汉代传承至今的各种集会和节日等，然而，最有艺术价值和文化价值的、让人能够最近距离感受并接触到汉文化的艺术体现莫过于从汉代传承至今的画像石。所谓的画像石，实际上就是汉代地下墓室、墓地祠堂、墓阙和庙阙等建筑上雕刻画像的石刻艺术。

现存汉画像石大多数体现的主题是丧葬礼制，因民间禁忌，所以能够保存完好，没有被偷盗或者被毁坏。从习俗的角度而言，也可以说，汉画像石本质上是一种祭祀性丧葬艺术。从这种意义和角度上来分析，汉画像石在当时的流行为雕刻艺术的成熟创造了条件，汉画像石不仅造就了汉代雕刻艺术登上中国古典美术艺术发展的巅峰，而且对汉代以后中国美术的发展产生了深远的影响，在中国美术史上占有承前启后的重要地位。

4.6.1　徐州两汉文化繁荣的背景

两汉文化是一个博大精深的文化体系，而徐州作为汉高祖刘邦的故乡，在历史上一直颇负盛名，两汉时期也一直被封建王朝所重视。西汉初期，刘邦封其同父异母的弟弟刘交为楚王，都彭城（也就是现在的徐州），下属 36 个县，今天的苏、鲁、豫、皖交界的广大地区皆以徐州为中心，徐州无疑成了“五省通衢”的重要门户。汉文化中有着浓厚的先楚因子，汉朝的开国皇帝刘邦是楚人，汉朝的开国元勋们除张良外全都是土生土长的楚人。《史记·项羽本纪》中记载：楚虽三户，亡秦必楚。楚国子弟们用血肉之躯推翻了秦的残暴统治，他们在获得自由的同时也传播了汉家文化。于是，楚汉的歌舞、词曲、服饰、习俗等风俗习惯与文学艺术在华夏大地上广为传播。

4.6.2　徐州汉画像石文化形成的背景

两汉时期的皇帝大多开始重视民生和社会发展，施行休养生息的缓和型发展策略，饱受战争等折磨的百姓和社会终于开始步入正轨。徐州政治经济的快速发展带动了徐州的文化发展和社会进步，徐州百姓的生活水平提高增大了人们对于精神层面的需求。在两汉的400年发展中，政治经济稳步发展，人们的财产也得到了大幅度增加，逐渐产生了豪族世家，再加上在汉朝发展壮大中荫封的王子侯孙，这些所谓的贵族恣意享乐、挥霍钱财、极尽其欲，大部分的贵族王侯都信仰死后厚葬、崇仰鬼神转世之说，在死后斥巨资修建豪华墓室，并把自己生前喜欢、爱好的东西都带入墓室，视为“陪葬”，同时，指使能工巧匠将自己爱慕的、信仰的事物在石板或者墓中墙壁上雕刻成画。从客观条件上，徐州地区及其周边地区多盛产石灰岩和青石，为徐州汉画像石的形成提供了便利而又充足的石料来源。王孙贵族和豪族世家的这种做法，引来地主阶级的纷纷效仿，大家都在墓室或者石板上刻上自己喜爱的事物，汉画像石就此形成了风气，流传了下来。从汉画像石的内容上来看，内容广泛，包括神话传说、英雄人物、典章制度、风土人情等各个方面。在艺术形式上它上承战国绘画古朴之风，下开魏晋风度艺术之先河，奠定了中国画的基本法规和规范，成为我国文化艺术中的杰出代表和文化艺术瑰宝。

4.6.3 徐州汉画像石的文化现象

徐州的汉墓、汉画像石、汉兵马俑并称“汉代三绝”，三绝中最具有视觉研究价值的是徐州汉画像石，历经千年风雨而传承至今，具有极高的历史文化价值和历史研究价值。汉画像石的内容丰富多样，有表现劳动者生产活动的牛耕、纺织等生活场景，如铜山洪楼所出的纺织图、双沟所出的耕耘图等；有表现前人或者当时的文学著作，如像“孔子见老子”“周公辅成王”等历史故事或历史人物；有反映墓主人的日常生活，如出行、歌舞、宴饮等生活场景；有更高层面的表现神话故事中的人物和故事，如东王公、西王母、鸡犬升天、羽化登仙等民间传说和神话故事。由此可见，汉画像石不仅能够反映汉代徐州的政治经济文化生活，也能反映出整个汉代社会的生产力发展状况和生产关系的发展状况，更加能够直观、直接地反映出当时人们日常生活中的行为习惯和风俗意识，为我们更加真实地还原汉代生活提供了极大的借鉴和参考。当今社会物质极大丰富和满足，与精神的相对匮乏形成了鲜明对比，各个历史朝代的文化又被重拾和弘扬，并在新的历史时期和环境中得到了重生。但是，新时期受新事物的冲击巨大，徐州汉画像石文化的传承和发展仍遇到许多阻力。

(1) 创新形式，革新思想。

徐州的汉画像石文化是汉文化的分支，是传承上千年的古文化，如今被放到改革开放新的历史时期和环境下提倡，未免有些太过牵强。汉画像石文化多跟历史有关系，而人民群众了解和观赏汉画像石的方式无非也就是参观汉画像石博物馆，或者通过网络来进行相关的查询和了解，这些方式都太过于老套，把汉画像石文化放在了一个“可望而不可即”的地位，在一定程度上阻碍了徐州汉画像石文化在新历史时期的发展和推广。徐州的汉画像石艺术馆是集收藏、陈列、研究为一体的专题性博物馆，占地 1 万多平方米，收藏珍品汉画像石 350 余块，如此有艺术文化价值的艺术馆，实属罕见。

汉画像石的爱好者小众化，在年龄层面上，喜爱和研究汉画像石大多在中老年人群这个层面。而这个年龄层面上的人因为经历了文化单一性影响和社会大环境背景下的教育，以及“文化大革命”等特殊的历史时期，对于汉文化有着强烈的认同感和归属感，对于徐州的汉画像石文化也有着较多的热情。而对于新时期的年轻一代，由于开放式社会的发展，信息文化的多元化发展，人们接受新事物的途径发生了巨大变化，使得各种精神文化都得以流行，年轻人接收信息层面广泛，自媒体时代的到来，各种文化现象丛生，选择性的多样化致使个人性格上的个性化差异越发明显。也就是说，徐州汉画像石文化的受众面狭窄，需要多元化的发展和弘扬两汉文化，这种发扬是知识面的拓宽、多种形式地演绎两汉文化视觉艺术等形式，来带动整个传统文化的发展，需要我们从各个层面去推广，从视觉的角度来讲就是去应用性地推广。

(2) 加大文物保护，为后世研究提供依据。

徐州汉画像石的保存目前有两种方式，一种是由国家组织进行的勘探和挖掘出土的汉画像石，这些汉画像石在经过修复和还原之后，交由专门的博物馆进行保存和研究；第二种是墓室修建并封存之后，在漫长的历史发展过程中，被盗墓者用偷盗的方式移出墓室，流传到社会上或者贩卖到黑市上，再由民间收藏家花大价钱买到，变成了收藏爱好者独自欣赏的藏品。这两种保存方式，对于文物的保护都不足，但是前者的保护力度要大大强于后者。博物馆和艺术收藏馆对于文物的保护，最重要的就是取决于该博物馆或者艺术收藏馆的资金是否充足、是否能够维持博物馆的日常开销和继续运营，有很多博物馆收藏着许多珍贵的历史文物，却因为缺乏资金而使这些珍贵文物得不到很好的保护，最终造成一定程度上的损害。至于那些艺术品收藏爱好者收藏的文物，不仅仅要取决于收藏者的经济实力是否雄厚，还取决于收藏者是否具备专业的收藏知识和是否有适合文物存放的收藏环境等，这些综合因素的偏差，都会导致文物的损坏，影响其收藏和研究价值。就汉画像石来说，目前现存的已出土的汉画像石和刚刚出土的时候相比已经有了不少损坏，这是许多因素共同作用的影响。历史文物是否得到很好的保护，从某种程度上，也能反映出不同时期政府相关政策的变化。政府给予有关文物保护的政策支持，也就意味着加大财政支出，有些特殊时期和特殊政策下，也会组织专家对文物进行大力的保护和研究，并予以科学技术的支持。

4.6.4 创新与应用是最好的传承

徐州的汉画像石文化在科学技术和文化艺术日新月异的今天也能够得到很好的创新与应用。首先，我们可以从形式上进行创新，也就是汉画像石的载体上。虽然说汉画像石文化是由汉画像石的被发现和出土而产生和发展壮大，但是，它并不一定要依附于汉画像石，而是可以单独存在的。例如，我们可以开展一系列活动，徐州的汉画像石文化和徐州同样有名的汉代剪纸相结合，二者有着共同的表达内容和内涵意义；也可以与当代的雕刻艺术相结合，它们可以相互促进、相互创新、相互发展，在新的历史环境下共存。其次，在内容上，我们可以进行相应的创新和发展，运用新媒体大胆地创新。徐州出土的汉画像石之所以有极高的历史文化研究价值，正是因为其上面雕刻的内容大量记录了汉代的政治经济发展现状、社会精神风貌、风土人情和人们的习惯习俗，体现了当时人们的生活水平。应用到现在的新的历史时期，我们可以将其上雕刻的内容变成我们如今的社会生活，让人们得到共鸣，最终推动汉画像石文化的创新和发展。由此看来，汉代是一个文学艺术发展快速的时代，是一个百花齐放的时代，无论是汉画像石、汉兵马俑、汉代楚王陵宫殿，还是汉代独特的饮食文化、建筑文化和服饰文化，都是汉代文明灿烂的重要体现。而徐州，不仅是中国祖先繁衍生息最早的聚居地之一，更是汉文化重要的发源地，拥有这深厚博大而独具魅力的历史文化内涵，继承和发展是我们的责任。

4.7 结语

本章从不同时期、不同地区的艺术风格发展历史长河中来寻找其共同点。不难发现，中国两汉时期的文化对以后中国文化艺术的发展影响力是巨大的，中国两汉文化艺术在中国文化艺术发展中起到了承上启下的作用，其历史地位是不可代替的。两汉时期的雕塑、墓葬风俗建筑、艺术表现手法、工艺制作水平对以后中国的石窟艺术、绘画艺术、雕刻艺术、民间艺术、陶瓷艺术等各方面艺术的发展贡献是巨大的。汉画像石艺术形式上承战国绘画古朴之风，下开魏晋风度艺术之先河，奠定了中国画的基本规范，同商周的青铜器、南北朝的石窟艺术、唐诗、宋词一样，各领风骚数百年，成为我国文化艺术中的杰出代表和文化艺术瑰宝。

从徐州两汉时期的文化艺术发掘情况来看，反映出当时人们对美好幸福生活的渴望，对死后成仙、因果轮回的宗教向往思想。我们从古代埃及艺术、非洲古代艺术、美洲古代艺术、中国石窟艺术等不同国家和地域对古代艺术综述中看到，虽然地域不同、艺术风格不同，但人们对美的追求、对幸福生活的向往是一样的，在艺术发展文脉、艺术表现思想上具有高度的相似之处。首先，受宗教思想的影响重；其次，修建豪华墓葬反映当时人们对死后成仙、成佛等奢望；再次，艺术成就比较高；最后，对人类文化艺术的发展起到重要的贡献。这些都为我们提供了悠久、丰厚的文化艺术遗产。因此，对我们艺术工作者而言，对中外古代艺术文明成果的继承是十分必要的。昨天是今天的过去，同时今天也是明天的过去。没有过去，就没有未来。我们始终是站在人类文明发展的基础上不断前进的，艺术工作者只有不断传承和创新，才能够更好地发扬两汉文化。

5 解析装饰与功能的语境

在徐州两汉文化历史发展的过程中，其视觉语境对当下功能和装饰都具有独立的社会生活价值，给我们留下了深刻的启示。研究徐州两汉文化视觉语境需要从功能性和装饰性两种语境重新审视。我们从设计史的角度来研究装饰与功能的关系不难发现，各种艺术思潮和设计流派对功能和装饰的理解与认识还是有很大的不同。我们从设计史上可以窥见发生的一些重要的设计运动，都与装饰和功能有着某种不可割舍的情怀和关联性。装饰与功能是现代主义设计和后现代主义设计中的两个争论最激烈的因素，装饰与功能一直是被人们所关注的对象和研究的话题。

视觉语境的研究从艺术的角度来讲，主要是在装饰性和功能性两个层面进行解析。功能性就是实用性，而装饰性就是视觉感观，综合起来两者就是一种设计的应用关系问题。

我们对功能和装饰意义的正确解读，是我们认识现代主义设计和后现代主义设计的基础，可以更好地研究徐州两汉文化视觉语境并加以应用。在现代主义和后现代主义这两种不同的语境中，对功能和装饰概念及意义的理解是不同的。如果我们能正确地解读在这两种语境中的功能和装饰所表达的概念和意义，我们就会对研究徐州两汉文化视觉语境现象有更好的认识和理解，为后期两汉文化视觉元素的现代设计应用做好铺垫。

5.1 解读两种语境的必要性

研究徐州两汉文化视觉语境有必要对功能和装饰进行研究，只有通过功能和装饰研究，才能够更好地对两汉文化视觉语境研究提供更客观和更科学的依据，为后期的实践性应用提供平台和基础。

科学技术与艺术的完美结合能为设计有目的的创造性活动提供条件，设计也可以说是社会发展进步的标志。一种设计风格的形成是受多种因素影响的，社会的发展、技术的革新、人类意识的转变等都会使设计在不同时期呈现出不同的形态。任何设计都与时代、与技术、与消费者紧密相连，是反映时代的一个重要方面。不论是现代主义设计的几何性、理性化的表现手法，还是后现代设计的装饰性、复古性、游戏性、大众性等多元化的风格，它们的目的都是努力创造一种能够符合大众需求、能够适应社会的审美观念。

在两汉文化历史发展的过程中，装饰和功能都具有独立的社会生活价值，给我们留下了深刻的启示。打开徐州两汉文化视觉艺术发展史可以明晰地了解到，是墓室、汉画像石本身的材质形式重要还是装饰艺术表现形式重要？装饰与功能的关系在我们的研究范畴内要有个明确的界定，可以看到装饰与功能的角逐。各种艺术思潮和设计流派对功能和装饰的理解和认识大相径庭，纵观历史上发生的一些重要的设计运动，都与装饰与功能有着某种不可割舍的情结。作为现代主义设计和后现代主义设计中的两个争论最激烈的因素，功能和装饰一直为人们所探讨。所以，研究两者关系必然要解析装饰性和功能性两者语境的关系问题。

我们打开现代设计史，现代主义指 20 世纪前期(主要指第一次世界大战与第二次世界大战之间)西方社会兴起的一场设计运动和思潮，主要特征是在设计活动中强调“功能领先”的原则。这个原则往往被人们认为是缺乏“人性”的“国际主义”单调风格兴起的原因。由此，在部分人眼里，强调绝对功能，缺乏“人性”或“人情味”似乎成了“现代主义”的本质特征。然而，事实也许并不是那么简单。因为只要我们稍加思考就会发现，将“功能领先”的原则与单调乏味而又缺乏“人性”的风格等同起来，实际上并非“现代主义”的本意。虽然我们并不能以某一个简单案例去说明同时考虑装饰和功能在现代主义者那里是矛盾的，但是我们可以看到，现代主义设计中产品的功能和装饰对于现代主义设计和后现代主义设计来说，并不是绝对对立的两面，后现代主义设计同样如此。

我们对现代主义与后现代主义之间关于功能与装饰的各种争论中可以看到，取舍和理解的角度不同，功能与装饰这一概念发生了某种变化才导致人们在理解上的偏差。现代主义强调的形式依随功能理念，过多强调对物的使用功能这一概念，时常把物的功能性和艺术性对立起来，排斥一切带有较多文化意义和富有人情味的东西；而后现代主义装饰也不仅仅是我们认为的附加多余的装饰，它更多地表现为一种审美、社会及象征等功能装饰。

5.2 装饰的概念及发展脉络

5.2.1 装饰的概念性

《辞海》对装饰的解释：装者，藏也，饰者，物既成而加以文采也。《玉台新咏·古诗为焦仲卿妻作》中指一般人日常生活中的化妆打扮及装束。《后汉书·逸民传·梁鸿》解释为打扮;修饰。中国《现代汉语词典》中对装饰的解释为在身体或物体的表面加些附属的东西,使之美观。日本《设计词典》对装饰一词所做的解释包括4个方面:赋予美,美化活动,装饰性,实现美观所需的工艺,如漆工艺的描金,印染工艺的渲染、冰纹等装饰工艺技法。张道一先生在《设计艺术经典论著选读》的导言中指出:装饰一词至少包括装饰花纹、装饰手法、装饰性3个不同的概念。也就是说,器物装饰包括装饰纹样、装饰工艺和具有审美意义的造型结构。笔者认为装饰一般是指在具象和抽象的视野里,毫无拘束地探求,大胆运用形式美的规律,以夸张、变形、解散及重构等方法,对所绘对象进行审美加工。

5.2.2 装饰的产生与发展脉络

在研究装饰的起源时,它与人们的信仰有关,与图腾有关。所以说到装饰的产生就不能不提到图腾说、劳动说。最初的图腾装饰符号受到巫术说的影响较大,后期的装饰审美性受劳动过程中形成的美的意识影响较大。

原始社会时期的图腾说,出于对自然力量的崇敬和对自身命运的无法控制,人们将特定的动物、植物或无生命之物与本氏族联系起来,视为本氏族的保护者与神明,对其进行尊敬和崇拜,寄希望于得到这些神明的庇佑,以这种超自然的精神力量来维系和巩固本氏族的力量。这就是原始图腾崇拜产生的条件,针对这种对图腾的崇拜,原始人发挥想象,将他们崇拜的对象图形化、标记化,直接将图腾描绘在日常器皿上、刻在武器上或纹在身上,以祈求本氏族在图腾的庇佑下兴旺发达,如拉斯科洞窟壁画(见图5-1)、中国内蒙古阴山壁画(见图5-2)。原始装饰艺术的产生并不是随着人类的产生而产生,而只是当原始人用红木、黄土涂抹身体,在原始遗址中抛洒赤铁矿粉等装饰行为一旦成为生命活动的一部分时,原始人的艺术行为才脱离偶然,而明显带有观念的色彩和自觉行为。这种行为带有明显巫术的目的,或许也有朦胧的美的欣赏,这是人类装饰的根本出发点,也是装饰艺术的原始发展的动力。

装饰是人类早期所创造的重要艺术,是原始人类艺术的审美核心,从中我们可以看出装饰不仅仅是审美的形式,更是一种有意味的形式,具有更深层次的含义。这些研究拨开了原始装饰中的神秘面纱,让我们得以从更深层次研究装饰艺术产生的环境和原因,也让我们看到了它们不是装饰物而是某种非常重要的东西,也不是什么理论的东西,而是某种引人入胜的影响力或是传统。它也并不仅仅呈现外部,而是更为本质的东西。这种通过在某一个物体身上附加一定内容的艺术就是装饰艺术的雏形。

图 5-1 拉斯科洞窟壁画

图 5-2 中国内蒙古阴山壁画

在特定的历史条件下，这种图腾形式的装饰符号扮演着重要的角色，图腾的表现方式凝聚了人们的思想，使用这种方式来解释原始人对自然的疑惑，其功能和作用相当于后来的佛教和现代社会的法律，对氏族内部的稳定和团结具有重要意义。在许多岩画中我们都能看到这些抽象的、神秘的符号印迹。原始艺术所要表现的并非是某一动物的真实自然形态，而是一种对图腾理解后的感受和隐含其中的观念，一个神秘的具有威慑力的精神幻象，这种模糊的精神幻象是原始部族人努力捕捉其想象、感悟到的那种飘忽不定的人格化形态，一种存在于幻象中，而又与它们的精神融合为一体的具有强大生命力的形态。对于某种感受或超越自然的神秘力量，原始部落人用写实手法显然是无法表达图腾的，稚拙、抽象的装饰风格几乎是世界各民族原始艺术的典型特征。

关于劳动说的解释是在图腾崇拜的过程中，原始人发觉到这种附加的符号内容有一种装饰、美化的作用，也逐渐将在社会劳动过程中感觉到的美的规律运用于这种符号，后来逐渐将这些符号艺术化，使其成了原始人理解世界的一种方式。原始人似乎力图在这些程式中，将繁杂无序的自然外观、无限变幻的感觉世界都规范到一个具有理性秩序的抽象变形范式中。由于装饰具有图腾上的意义，也具有美学意义，原始人将这种装饰形式运用于日常生活的各种器物之上，随着装饰审美性的不断加强，在社会劳动过程中人们不断发展了装饰的形式，形成了纯粹意义上的装饰。那么这种解读下的劳动说更具有现代意义上理解的装饰。

5.2.3 对装饰性解读的盲点

关于历史上评判装饰过度的问题不绝于耳，但是对于合理地使用装饰纹样和对其价值还是肯定的。然而，传统观点对装饰的理解还是有一些认识上的盲点，这种盲点主要表现在装饰形式论，我们看到汉画像上的装饰和墓室本身作为建筑物，两者在设计领域中较普遍地认为装饰只与表面形式有关，把装饰看作形式娱乐，因而反对设计物品中对“装饰”的强调，从而产生两种倾向：一是视装饰为“罪恶”，千方百计地在设计中去掉装饰，以“少”代“多”；二是视装饰为附属品，从而把装饰推向“纯粹化”，即纯粹的艺术性装饰品、装饰物，认为装饰只具有装饰性，不具有实用的功能性。在谈及装饰的时候也只涉及装饰效果，较少涉及装饰行为与过程。这些认知将广义的装饰行为缩小为狭义的装饰概念，以偏概全地看待装饰，并以此划定装饰的内容，如果我们所想得到的是自然的美，而在设计时却又费力地抛弃我们自然的灵性，抛弃自然美的时候，我们就可以说这个美也是残缺的。现代艺术的发展表明，装饰艺术是其发展的动力，是艺术变革的主要力量。现代艺术设计的形成和发展也是这样，虽然它以非装饰的极端方式另辟蹊径，但最终不是排除了装饰，而是将装饰结构化，创造了装饰的现代新形态。后现代主义艺术中装饰的重新回流定位，使装饰从结构中凸现出来，成为结构与形式的全面负载体。

对于装饰的功能性，从装饰艺术的产生我们便能看到。虽然并非是使用上的功能，但是它的表意功能中寄托着人们对美好的祝愿及对人的审美需求的满足，所以汉画像石中传达着当时人们的审美及信息传递的功能。

日常中一件设计简洁的物品，不要误以为它没有装饰，我们要正确理解装饰的真正意义，不要曲解设计师为了实现它的简洁外表所付出的艰辛。我们对装饰理性而又科学的理解应该包括使美观所需的劳动、使美观所需的技术、使美观所需的结果及装饰性 4 个层面。

因此，作为设计师需要全面理解装饰的深层次内涵。装饰性是对设计作品的修饰、打扮，是艺术造型的一种手段，不论你采用传统的表现方法，还是现代设计表现手法，都是以美化对象为主要目的艺术形式。

5.3　现代主义设计受初期现代艺术的影响

5.3.1　装饰与初期现代主义

19 世纪下半叶以来，关于初期现代艺术中的装饰，我们已经有了全新的认识，那就从装饰的角度来考察现代艺术历程。初期现代艺术在欧洲各国以不同的维度和内涵方式发展着，这种内涵已经涵盖了绘画艺术、雕塑艺术、建筑设计、服饰设计、工艺设计等各个领域。我们从这种内涵中认识到初期现代主义艺术与装饰艺术的关联性，而这种关联性又包含两种关系：一是装饰与绘画一类的纯艺术，其关系具有外在性，因而是一种汲取与交流、整合的关系；二是装饰与实用艺术，其关系则是一种内在的结构关系，装饰是实用艺术的内容和内在属性。因此，早期工业产品、服饰设计、视觉设计对装饰的背离与反叛，便可看作是实用艺术本身的一种自我革命与变异，这是值得肯定的。初期的现代主义阶段，作为实用艺术的现代服饰设计、现代装饰建筑设计、现代设计是在反装饰的征战中成长起来的；反，不是否定，而是创新。绘画雕塑一类的传统纯艺术则是在与装饰艺术（实用艺术）的交流与整合中汲取其营养，并取得其现代品质并新生新质的。可以说，没有与装饰艺术的交流与整合，没有装饰艺术本身的抽象性、结构特征及形式语言的启示及这种启示所起的催化作用，就不会有绘画等纯艺术的现代性和当代面貌（见图 5-3），这是现代艺术发展史上一个值得关注的景观和现象。因此，现代设计的起源是对传统装饰设计的创新和发展。

图 5-3　毕加索的现代抽象绘画

5.3.2　现代设计受风格派形式的影响

初期的现代主义艺术不是否定装饰的意义，而是从传统意义上的装饰中找到设计新的语言。这种设计式的装饰是对传统装饰的继承和发展，这种设计是值得肯定的。现代主义中的装饰实际是对传统装饰的提炼，并且以几何形体的艺术方式得以呈现。例如点、线、面等形式等，并且对几何形体元素进行新的排列组合，同时采用元素相互间的关系构建设计上的韵律感、节奏感、秩序感、空间感，使物质外壳采用理性的设计思维搭配上光洁、整齐、精细的包装，更加衬托了几何形体的严谨的、富有理性的美感，同时也在一定程度上减弱了几何构件的单调、呆板的缺憾，两者很好地形成了一种理性的氛围，达到了某类产品的和谐。

所以风格派设计手段是将点、线、面等基本造型元素进行抽象化，经过进一步的加工提炼，再创造新的艺术形象，这一艺术表现方法常常表现出几何化、装饰化特点。从哲学上说，由物质的具象经过思维的抽象到精神的具象，是一个转换的过程，也是一个升华的过程。风格派设计的抽象是由具象变成抽象，亦即形象的表号化和概括化。欧洲荷兰的风格派就是起源于传统绘画，并从传统绘画中流行和发展起来的，最为突出的是蒙德里安的绘画最具代表性，准确体现了风格派的视觉语言。例如：蒙德里安的裙子（见图 5-4）。裙子的设计特点是对风格派的哲学思想的总结，采用了三原色和直线分割表现，体现了“结构应服务于构件间的协调，以保证各个构件的独立与完整。这样，整体就可以自由和清晰地竖立在空间中，形式就能在材料中抽象出来”，在荷兰风格派建筑设计中也能看到类似的设计理念（见图 5-5）。

图 5-4　蒙德里安的裙子

另外一位荷兰设计界大师是特维尔德。特维尔德喜欢采用简洁的线条和纯净的色彩来表现他的设计作品。特维尔德这种简洁的设计理念对日后设计界的影响是深刻而又久远的（见图 5-6）。从建筑的内部设计风格与室外的艺术设计看，表现风格是类似的，我们从上面的图片中可以感受到楼层平面中唯一固定的东西就是卫生间和厨房，为了使室内空间合理应用，均采用框架结构的方式并与

图 5-5 荷兰风格派的建筑

空间的自由分隔，以满足不同人群的需求，为了追求设计上的统一性，在色彩的使用上室内外保持了一致的设计风格，这种设计充满了浓厚的装饰意味。

图 5-6 特维尔德住宅及内部设计

现代绘画中的立体主义影响了风格派的发展。因为风格派对非对称性平衡的强调，对设计语言上的简洁表现，恰恰迎合了当时经济发展的要求。这种简洁的表现方式便于生产和批量复制与生产，这种表现方式也为早期的现代主义设计，特别是对其形式借鉴架构了桥梁和纽带。另外，风格派对装饰表现的形式影响也是深远的，风格派的思想与形式均源于蒙德里安的绘画探索（见图 5-7、图 5-8），先要强调的一点是：西方的风格派艺术家对东方的哲学充满了神往，为此他们对东方充满神秘的哲学思想展开了研究和借鉴。从他们作品表现的风格上可以看到，他们特别强调作品的神秘性。由于大师蒙德里安喜欢使用新造型主义这个新名词来表现其设计风格，致使我们把风格派往往又称其新造型主义。风格派的设计风格是简约的，致使他们对纯具象的表现风格充满了排斥感，风格派主张用简约而又抽象的几何形的方式来设计，用此风格来体现设计风格上的纯粹精神，认为抛开具体表现，摒弃装饰上的细枝末节，才能获得人类共同的纯粹精神表现。例如，风格派强调线性的直线表达，他们认为直线表达能够涵盖自然的语境，能够与自然界高度一致，同时认为直线具有“至高无上性”。而蒙德里安同时倡导“直线意味着曲线的圆满”。对直线解读给予了高度的评价，致使直线表达的设计风格风靡起来。

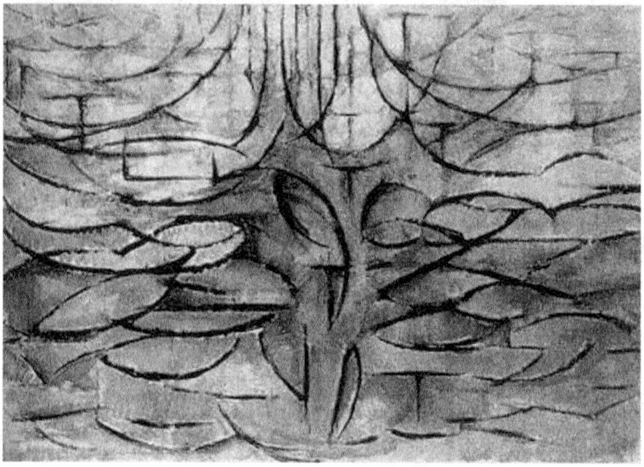

图 5-7　蒙德里安油画构图

一成不变的风格绝对不是真正的风格派，真正的风格派是在发展中不断变化的，在发展中持续进步的。1926 年以后凡·杜斯堡开始将这些绝对直线和绝对的面倾斜，进行了风格解读。凡·杜斯堡为这种设计风格取名为“基本要素主义”，开始把一些不稳定的、惊奇的动势引入画面中，来唤醒人们对新设计思潮的理解。因为在欧洲当时的包豪斯艺术风格中倾斜的艺术表现风格的应用随处可见，特别是从 1920 年以康定斯基、李西斯基、马列维奇为首的构成主义团体“宇诺维斯”在荷兰和德国展出自己的作品开始，风格派受到同时期欧洲其他流派的影响是必然的，风格派的表现方式也在跟随着环境的变化而发生着变化。

5.3.3　现代主义设计受构成主义的影响

我们对现代构成主义的形成起源于何种风格，保持着不同观点上有不同的认识。一些艺术家认为构成主义是从塔特林对著名画家毕加索的立体拼贴中的启示；另外一种说法是构成派从工程建筑的支铁构造中得来借鉴思想，总之众说

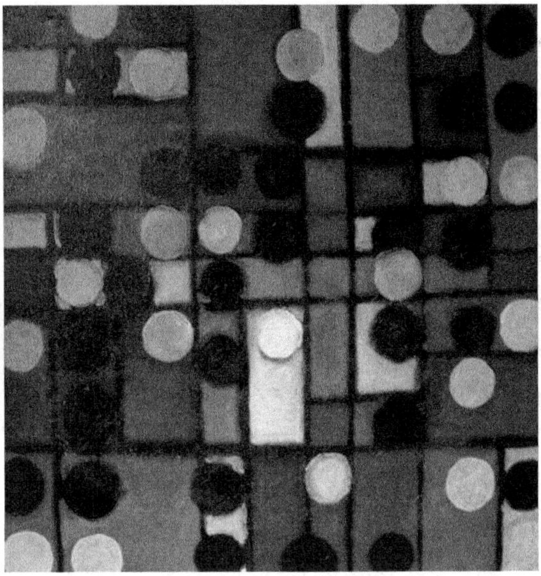

图 5-8 蒙德里安油画百老汇爵士乐构图

纷纭。但有两点是可以肯定的，一是构成艺术在 20 世纪 20 年代前后的俄国形成，由于处在战后的苏维埃政权的大环境下，所以设计思想都被带上了强烈的革命色彩，所以被冠名为“构成的共产主义”；二是它在观念上是非具象的、非再现的，并使用非传统的雕塑材料(铁丝、玻璃、金属片等)进行结构，强调空间动势，采用非具象的简洁造型(见图 5-9)。构成主义对德国包豪斯学校的教学和艺术表现风格也产生了深远的影响，特别是包豪斯的第一位校长格罗皮乌斯非常欣喜，特地聘用了两位著名的构成主义设计大师康定斯基、莫霍里·纳吉来德国担任包豪斯学校的教师。构成主义影响了德国包豪斯学校对设计课程教学体系的形成，这种新的教学体系成了包豪斯学校的基础教育课程，甚至在整个西方早期现代主义设计风格上实施影响。而这种对设计专业的教学影响深远，中国也于 20 世纪 80 年代将构成主义引入各教育院校作为艺术设计类教学，并作为基础课程加以推广。

认知上的科学性是关键，它对构成主义的正确理解十分重要。对于真正意义上的构成主义究竟该怎样去解读，成了一个重要的课题。构成主义强调的是体量，而不是简单的空间认识，这种认识理念对早期的现代主义产生了重要影响，特别是对建筑设计的影响巨大。设计师开始强调从建构、结构入手，认为设计的起点就是结构，以搭建空间结构作为艺术设计表现的核心内容来强调。构成主义具有红色革命的背景和倾向，在设计中考虑到材料的节省和环保等因素，

图 5-9 康定斯基的构成主义绘画

构成主义的作品显现出简约明确的表现风格。这种思想对当时的建筑业来讲影响至深，于是在不同区域内得到推广，不能不说这种设计理念是成功的。20 世纪 20 年代的很多建筑设计中都可以看到这种思潮的影响程度。20 世纪最著名的建筑设计大师勒·科布西埃，作为功能主义之父，于 1929 年设计了他的代表作萨伏伊别墅(见图 5-10)，就是当时建筑界典型的范例。萨伏伊别墅建在 26 根圆柱上，采用了框架结构的设计方式，空间结构得到充分展现，特别是在建筑内部空间的处理上与外部结构形成统一体，内外形体的延伸与整体结构相得益彰。整个结构通透，空间运用合理，既简单又简约，充满简约美、形式美。整个设计注重强调空间，而不是体量；强调组构，而不是雕透。这种设计思维得到张扬和延伸，不能不说它的影响力强大。这种张扬和延伸在整个设计领域成了标杆，简洁的线性处理形式，抽象概括的几何元素大胆地进行着各种尝试，重新构建了空间物质的艺术表现形态。

5.4 现代主义阶段的产物：德国包豪斯

5.4.1 包豪斯崛起的背景及影响

1919 年 4 月 1 日在德国魏玛建立的一所现代设计艺术学校即包豪斯艺术学校，这所学校是在德意志联邦制造的基础上建立起来的。虽然在魏玛的这所包豪斯艺术学校存在的时间短，但由于各路大师云集，造成思想上的碰撞，激励着这批有思想的艺术家们不断锐意进取、大胆探索，对现代主义设计的形成产生

图 5-10 萨伏伊别墅

决定性的影响。准确地讲,现代主义设计最为成功的产物就是包豪斯艺术学校的建立和存在,已成为现代主义发展和现代艺术教育的里程碑。

包豪斯艺术学校的产生是顺应德国大工业发展的趋势,受西方工业革命的影响,他们积极倡导科学与艺术结合,提倡学科上的交叉,让艺术家与企业家、工程技术人员开展充分的合作,对新材料推广使用并运用到工业生产中去,针对性地解决生产中遇到的问题。用当前的语言就是产学研相结合。这种思维开拓了现代主义特征的设计教育体系,这种思潮在当下的中国仍然具有强大的生命力。因此包豪斯奠定了现代主义的设计理念,建立了现代主义设计的欧洲体系及原则,而这种体系和原则也影响了全世界。这所建于德国魏玛的包豪斯学校 1933 年 4 月被德国纳粹政府定性为反动组织,以莫须有之名被扣上了反德国的帽子,遭到了封杀,致使大量教师和学生远赴美国发展,从而现代主义设计风格在美国得到迅猛发展,也进一步影响了全球的设计理念。

5.4.2 包豪斯推动了装饰的变革

包豪斯跳出传统,倡导创新设计理念,这对现代设计具有里程碑意义。德国包豪斯艺术学校是现代艺术设计的起源地,是现代设计运动的摇篮,在现代主义的形成和发展中具有里程碑作用。包豪斯艺术学校在迈耶时期,摒弃以审美直觉为基础的一切形式主义方法,而代之以从产品的功能和结构的相互关系中直接产生的规律。它标志着原来的装饰形态中的设计被现代主义理性设计取代。后现代主义的设计家指责现代主义是冷漠的、单一的、机械的。然而,他们看到的仅仅是战后美国的现代主义设计,这与战前欧洲的现代主义模式已大相径庭。包豪斯艺术学校的设计风格经过在美国的发展演变,成为“国际主义风格”,一种“少即多”的雷同风格,这与包豪斯的初衷是不一致的。对于包豪斯,从开始就存在着一些误解,在包豪斯从魏玛迁到德绍后不久,德国全境的群众都对其非常熟悉,媒体的报道则把其名字与一种风格联系在一起:凡是采用几何的、显示功能主义的、运用原色的、运用现代材料的东西均统称为"包豪斯风格"。这让包豪斯的首位校长格罗·皮乌斯很苦闷,这位校长言辞凿凿地否认所谓的包豪斯风格的存在,格罗·皮乌斯强调学校的教学思想理念并不想发展出人云吾云的那种普通形象特征,包豪斯它所标榜的是一种对创造力的发散性思维,这种创造性的多元性思维也是包豪斯所追求的方向。

随着西方社会变革的不断深入、工业生产的快速发展、科学技术的不断进步、新文化的兴起,以包豪斯为代表的设计师们对于装饰美的观念有了新的理解:抛弃了传统上对装饰的认识范围,感觉为装饰不再是在物品上画蛇添足式的美化和点缀,或者只是纯视觉表面形式上的设计变化,设计的本身是多元化的,而设计的基本要求则是用对人和社会最合适的表达方式。这种表达方式包括形状、大小、色彩和肌理等,所以在设计上设计师必须要思考装饰的目的性,考虑各方面的综合因素,这种综合因素也必须要能满足人类生理、心理的审美性和社会价值性等要求并受其制约,以实用美为终极目的(见图5-11)。

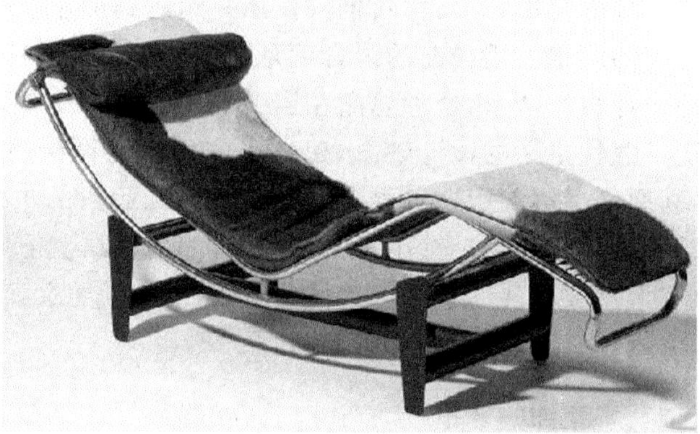

图5-11 科布西耶设计的躺椅

传统装饰被包豪斯时期现代主义设计所排斥,但是这种对传统装饰上的抵触并不意味装饰的消失或者说对传统意义上的对装饰的背叛。相反,传统装饰又以新的表现形式出现。英国学者彼得·柯林斯曾发表过《现代建筑设计思想的演变》的专著,在书中他阐述这样的观点:"装饰并未消亡,它仅仅是不知不觉地融合于结构之中了"。彼得·柯林斯解读现代主义设计的装饰问题,他说这种新思潮并不是否定传统意义上的装饰,现代主义设计的装饰是把装饰与结构同化,在形式与结构中运用装饰艺术的精髓,把一个平板的面通过分割、组合,以及材质的变化和单纯色彩的强烈比对使艺术表现元素和艺术表现形式的丰富,追求纯粹性的装饰效果,以达到一种简约性的装饰特点。

这种艺术表现形式上的抽象性、几何化、反装饰的艺术表现特点，貌似包豪斯的设计特点，其实包豪斯发展的本意并不是否定传统意义上的装饰。包豪斯开始时期的设计仍然表现出乌托邦精神世界中的理想主义与浪漫主义，对传统装饰的向往性，还是有情怀的。为满足实用性的基础要求，包豪斯从现代西方抽象绘画与西方雕塑中，通过不断地发展和提炼才有了抽象化、几何性的造型语言，并将它完全融入艺术设计的形式和结构中去，才会看到设计作品上的相容性和共生性，相容性和共生性要符合设计终极目的性逻辑思维。这种终极目的性逻辑思维不是仅仅通过华丽的装饰来展示，这种关联性是通过抽象化、几何化的形式和结构来呈现的。现代主义设计在其反装饰的发展过程中，反对的只是传统的装饰形态，即作为产品的附加值与产品功能无关的装饰。在其反对传统装饰的过程中，现代主义设计确立了另一种新的装饰形态，这种装饰以结构为载体，通过抽象的几何化的结构而使产品本身具有现代感强烈的装饰性。结构化的装饰与新材料、工业技术等自然客观限制条件相关联，成为设计中与功能密不可分的结构形态。在表现功能主义椅子时，无论是特维尔德的“红蓝椅”、布鲁耶尔的“瓦西里椅”(见图 5-12)等一系列钢管椅，还是米斯设计的“巴塞罗那椅”(见图 5-13)，都会发现它们实际上并非都是纯功能性的。他们把受风格派和构成主义影响的几何形概念推向极致，反而具有形式主义倾向，某些产品设计甚至呈现冷酷、呆板的外形，与环境很难协调。反之而言，不重视功能的设计也是失败的设计，所以设计的目的性要明确。

图 5-12 瓦西里椅

我们也可以理解为装饰形式依随功能仅仅是一种设计程序或顺序上的表述，而不是一条通往 18 世纪启蒙运动思潮的捷径。形式跟在功能后面，功能所支配的不是形式，而是一组有限度的条件。在受这些强制条件的约束中，一个设计可以采用形形色色舒服形式中的任何一种，形式上的最后定夺有赖于所拥有的技术和材料，而最重要的一条是取决于设计师的才能。也许，形式依随功能目

图 5-13　巴塞罗那椅

前仍然是一个记述次序的行之有效的方法，这个次序在将来理想社会里可能不足为道，但在我们现在这个社会里却需要不断关注。

5.5　后现代主义的概念及本质

5.5.1　后现代主义的概念及发展

后现代主义似乎对传统、对现代主义是另一种反叛的表象，其实不然。有人问什么是后现代主义？回答这个问题是非常繁复的。由于后现代主义现在仍处于发展过程中，其内涵和外延的繁复性、多元性决定了其含义的多样性。因此可以说，后现代主义是一个开放的概念，一种宽泛的表述，难以用简明的言辞归纳其定义。从字面上看，后现代主义是指现代主义以后的各种风格，因此，它具有向现代主义挑战或者否认现代主义的内涵。"后现代主义"一词最早出现在1934年出版的《1882～1923年西班牙、拉美诗选》中，用来描述现代主义内部发生的"逆动"。在1947年出版的英国著名历史学家汤因比的《历史研究》一书中也出现过这个词。汤因比用"后现代"指称西方文明史中的一个新的历史时期，这个阶段具有其特殊的文化意义。

对于21世纪的我们，仍然对"后现代"或"后现代主义"的概念认识混沌和不确定。根据后现代的本质而言，西方最重要的后现代主义理论家查尔斯·詹克斯在他的《什么是后现代主义？》中说：后现代，其解释如下：一种职业性根基的，同时是大众的建筑艺术，它以新技术和老式样为基础。双重译码是名流—大众和新—老两层含义的简称。这种双重译码的提法使许多评论家把后现代主义看成是"乱炖"。后现代主义是相对于现代主义而言的，源于20世纪60年代，到70～80年代逐渐形成了一个新的设计流派。另外，后现代与后现代主义的主要区别在于，后现代强调的是时间概念和反现代的现象，而后现代主义是具有后现代特征的一种新的设计运动或流派，就像设计运动中的现代主义。我们认识到设计上的后现代主义是从建筑设计开始衍生起来的。从意识形态上来看，后现代主义是对现代主义、国际主义的一种装饰性发展，其中心是反对包豪斯校长米斯的“少则多”艺术设计风格，提倡以装饰手法来达到视觉上的艺术多样性，提倡满足心理要求，反对以单调的功能主义为中心的偏激设计思想。设计上的后现代主义采用了各种大量的历史装饰，这种装饰包括世界各国文化历史上的装饰，通过吸收、借鉴做到兼容并蓄。

如果说包豪斯创办的第一个专业是建筑设计，后现代主义对建筑有念旧情结，那是不全面的。后现代主义对环境的影响首先体现于建筑界，而后迅速波及其他设计领域。1966 年，美国建筑师文丘里出版了《建筑的复杂性与矛盾性》一书。这本书成了后现代主义最早的宣言。文丘里的建筑理论是与现代主义“少就是多”的信条针锋相对的，提出了“少就是乏味”的口号，鼓吹一种杂乱的、复杂的、含混的、折中的、象征主义和历史主义的建筑。他认为，“现代建筑”是按少数人的爱好设计的，群众不了解，因此必须重视公众的通俗口味与喜爱。1972 年，他出版了《向拉斯维加斯学习》一书，把赌城中光怪陆离、五光十色的世俗建筑与设计奉为流行文化的杰出代表。在这一点上，他与波普运动一脉相承。后来的一些美国建筑师如格雷夫斯、穆尔等人又把目光转向传统的建筑风格上，特别是古典主义。以简化、变形、夸张的手法借鉴历史建筑的部件和装饰，如柱式、山花等，并把其与波普艺术的艳丽色彩和玩世不恭的手法主义结合起来(见图5-14)。穆尔于 1975～1978 年设计的美国新奥尔良意大利广场(见图 5-15)就是后现代主义建筑的名作，它由各种历史式样的建筑片段构成。1977 年，美国建筑评论家詹克斯出版了《后现代建筑的语言》一书，系统地分析了那些与现代主义理论相悖的建筑，明确地提出了后现代的概念，使先前各自为政的反现代主义运动有了统一的名称和确切的内涵，并为后现代主义奠定了理论基础。另一位后现代主义的发言人斯特恩把后现代主义的主要特征归结为 3 点：文脉主义、引喻主义和装饰主义。斯特恩强调建筑的传统历史文化内涵、建筑与环境的关系和建筑的象征性，并把装饰作为建筑不可分割的重要因素。这种注重多元思想的后现代主义在建筑界和设计界引起了巨大轰动，并且得到了世界设计界的认可，这种理念随之在设计界得到了广泛推广。

5.5.2 后现代主义设计特点

目前，设计中技术与艺术的平衡永远只能是一种动态的平衡，技术在不断发展，而人的精神需要也是日趋复杂多样化的，当技术的发展为这种多样化的需求

图 5-14　波普艺术风格的家具设计

图 5-15　新奥尔良意大利广场

提供了实现的条件后，设计也就从先前以现代主义为主而走向多元化。现代主义大一统的抽象风格已无法满足如此多样化的需求，因此，后现代主义设计思维才能够大行其道。

因此，在纯粹源于包豪斯美学体系谆谆告诫形式与功能绝对统一在这一领域里，一种以产品语意学作为指导的设计思潮应运而生。以意大利设计为代表的激进主义或反设计思潮，对功能的干涉比起实用功能主义所为更加极端，它倾向于一种既是心理学又是语意学上的功能主义。通过另一种说法，认为产品的形式不仅与技术和功能数据上、与形式的经济性和附着性上以及与材料的特性上相吻合，而且还必须与严格的语意学相吻合，装饰风格必须能够开门见山地体现一件物品的意义和功能（见图 5-16 和图 5-17）。

受后现代主义设计风格的影响，这种设计理念对其他艺术设计门类的影响也是重大的，如：平面设计、产品设计、服饰设计等在内的广泛领域。它以反现代主义设计艺术尤其国际主义设计为思想基础，受到了极少主义、解构主义、新历史主义等思潮，以及朋克艺术、高科技、环保意识等因素的影响。美国艺术发展中心终身教授王受之先生在他的专著《世界现代设计史》中这样谈道：后现代主

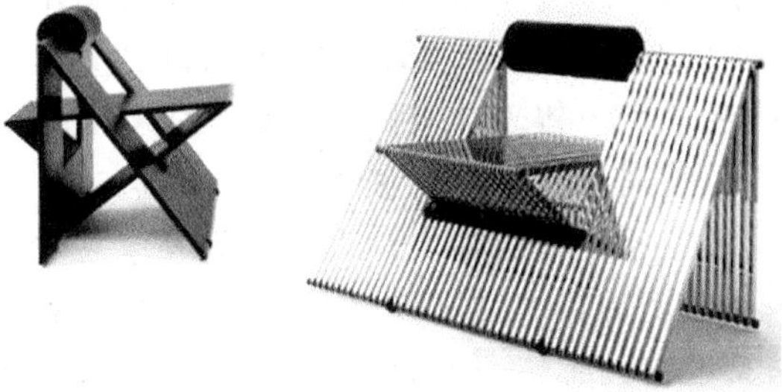

图 5-16　后现代主义的椅子设计

图 5-17　后现代主义的餐具设计

义分为高科技风格、过渡高科技风格、减少主义风格、建筑风格、微建筑风格和微电子风格。我们也可以发现在设计方法、语言及艺术表现形式领域，后现代主义设计风格具有其特殊的设计理论特点：

（1）主张设计形式多样化，以适应不同阶层、不同需求的消费主张。这与现代主义设计标准化、以工业化方式批量生产的一体化的方法原则上有着本质上的不同。

（2）主张设计关注人性，反对理性主义。现代主义强调理性主义，提出形式应服从于功能，功能与结构的结合也必须要有逻辑性。而后现代主义者则认为，设计并不只是解决功能问题，还应该考虑到人的情感问题。所以后现代主义设计者主张以"娱乐的心态"来设计作品，广泛地运用夸张的色彩和造型，或使用卡通形象，这种生活化、通俗化的设计能够被受众所接受。

（3）主张设计的人文含义。在设计中强调形态的隐喻、符号性，强调历史文化和历史渊源，以模棱两可的装饰手法取代现代主义设计的清晰感，非此非彼，以亦此亦彼的杂乱取代明确统一，在艺术风格上，主张文化上要有极大的包容性和多元化的统一性。

(4) 主张设计与环境的关系。注重环保意识,任何设计都必须适应环境,又能满足可持续性发展的需要。绿色设计被视为后现代设计者最基本的法则之一,它既是一种价值观的集中体现、一种设计技巧的天才发挥,也是一系列新技术指标的集成,有 3 个原则:减少污染、废物回收、环保再生,即少量化、再利用、资源再生的"物尽其用三原则",这种设计理念一直延续至今。

西方后现代主义是后现代文化在设计领域的实现,强调传统文化要素,强调历史性,注重个性,关注人的感情、价值取向,注重地方色彩、民族风格,弘扬多元再现的文化,这都与后现代的哲学文化、审美价值是一致的,在一定程度上对现代主义的枯燥、单调、乏味的功能主义原则进行了矫正,设计作品凸显了历史化、生活化,不是原先高高在上,现在接了地气,然而现代主义的衰落并不意味着它已经寿终正寝。现代主义设计之后的任何运动,基本上都是对现代主义的修正,而不是简单的推翻和否定。后现代主义设计运动作为一种新的设计艺术理念和新的设计运动,虽然大量运用装饰主义达到光彩夺目的灿烂效果,但这个设计运动的核心内容依然是现代主义的框架,只不过在外表加上一层装饰主义的外壳。后现代主义设计的思想基础是脆弱的,它只是对现代主义形式、内容的批判,而不是对现代主义思想的挑战,是从形式上对现代主义进行修正。但它在很大程度上依然接纳了现代主义的思想,包括采取各种方式来摆脱现代主义的乌托邦色彩和程式化,却没有也不可能完全摆脱现代主义。现代主义对推动设计的发展是功不可没的,全盘否定是不正确的,我们在某种程度上可以说,后现代主义其实是新装饰主义的发展,实际上是对现代主义设计风格的修正和改良。

5.5.3 后现代主义设计的重要代表"孟菲斯"小组

在 20 世纪 80 年代,意大利一群青年设计师利用古代埃及都城"孟菲斯"来命名自己的组织名称,当然这个名字同时也借用了美国西部田纳西州一个小城的名字,美国的音乐人曾根据这个小城谱写出了一首歌曲《蓝色的孟菲斯》,这首美国歌曲当时在西方非常流行。这个组织的设计实力和影响是不容小觑的,这个组织也成为后现代主义设计思潮的代表。创始人和领导者索扎斯,是意大利设计界的名人,1980 年,索扎斯在米兰与 7 名 20 多岁的青年设计师组成"孟菲斯"设计集团。除索扎斯之外,参加孟菲斯集团的设计师还有米切尔·达·卢齐、阿尔多·齐别克、马丁·贝定、马可·查尼尼等人。他们没有发表任何宣言,也没有公布自己的主张,因为他们都反对任何限制设计思维的固有观念,这种思想是值得肯定的。

这个意大利青年设计师群体组织——"孟菲斯"小组,在设计中强调自我主张,这种自我主张就是否定与超越。而孟菲斯作品的设计特点也很鲜明,主要特点为:开放式的设计思想、对功能的新解释、创造产品语义的新内涵、赋予材料以人文含义、强调装饰。我们全方位地对他们的设计作品进行分析后不难发现,他们对设计的目的性已不是物体本身,而是对一种生活态度的理解和对一种新的生活方式的诠释,设计不过是一种生活的符号。孟菲斯的作品是个性鲜明而且反常规的,也没有固定的格式和模式。他们把一些质地完全不同的材料进行重新配置,把我们认为绝对不和谐的色彩进行重新搭配,并且对边角处直棱直角进行组合,彻底打破了现代主义的和谐纯粹观念。孟菲斯的设计思想我们可以把它看成一种设计上的实验过程,他们运用娱乐性、游戏性和艳俗的玩笑来演绎自己,这种处理设计的态度为后现代主义设计增色不少。索扎斯一直声称"孟菲斯"小组不刻意宣布所谓的宗旨和所谓的宣言,我们从他们的作品中可以解读为无我的形态和标志的百科全书,看上去有些诗意,但是他们的作为确实让人们看到了不一样的设计风格,有别于前人的设计思路,这种设计冲破了隔离和障碍,充满了希望。但是,通过孟菲斯小组的设计实践,形成了无形胜有形的境界,概括起来有如下几个方面的设计思想,孟菲斯小组设计风格像一剂春风破解了形成于包豪斯时代的现代主义垄断设计思维的局面。设计的形式与功能的关系是现代主义设计着力阐述的问题,"少即是多"、"形式服从功能"代表了现代主义设计的主要思想。现代主义对产品功能的研究促进了人体工学的新发展,满足人体工学中数学和物理的要求,因此也成为现代主义设计追求的目标。而孟菲斯小组认为,这是一种误解。他们认为:当你试图规定某产品的功能时,功能就从你的手指缝中漏掉了。因为功能有它自己的生命。功能并不是度量出来的,它是产品与生活之间的一种可能性。当查尔斯·依姆斯设计出他的椅子之时,他其实并不是设计了一把椅子,而是设计了一种坐的姿势。也就是说,他设计了一种功能,而不是为了一种功能而设计。孟菲斯小组同时也认为功能不是一种生理的、物理的系统,而是一种文化系统。设计师的责任不是去实现功能,而是去发现功能。设计是一种积极的、对人的行为的修饰方法。孟菲斯小组认为去发现新的功能就是新的自由,这比什么主义都重要得多。

新的功能就是新的自由,它可以把设计师从理工科生拉回到为文科生的思维模式,做到学科上的交叉,让设计师摆脱了各种死板的外部形象,也能够像诗人和画家一样,向着开朗、阳光、果断、热情洋溢的新境界迈进。孟菲斯设计师们认为产品是一种自觉的信息载体,是某种文化体系的隐喻或符号。当设计师完成了产品的设计时,他不仅肯定了一种有使用价值的产品,而且也肯定了某一种有特定文化内涵的价值指标。勃兰齐说:作为现代运动的一部分,所有工业设计及观念都建立在外在环境的基本性质和内在结构的合理性基础上。这就是说,功能、结构、形式和协调具有社会价值上和语义上的意义。因此,孟菲斯设计师们在设计实践中总是竭力表现富有个性的文化含义，或者天真自然，或者滑稽幽默，或者怪诞离奇，或者矫揉造作，让产品的符号语义呈现出独特的个性色彩，这种充满趣味和个性色彩的文化含义造就了孟菲斯小组在图案、色彩、材料、工艺等各方面中的独特面貌（见图5-18）。

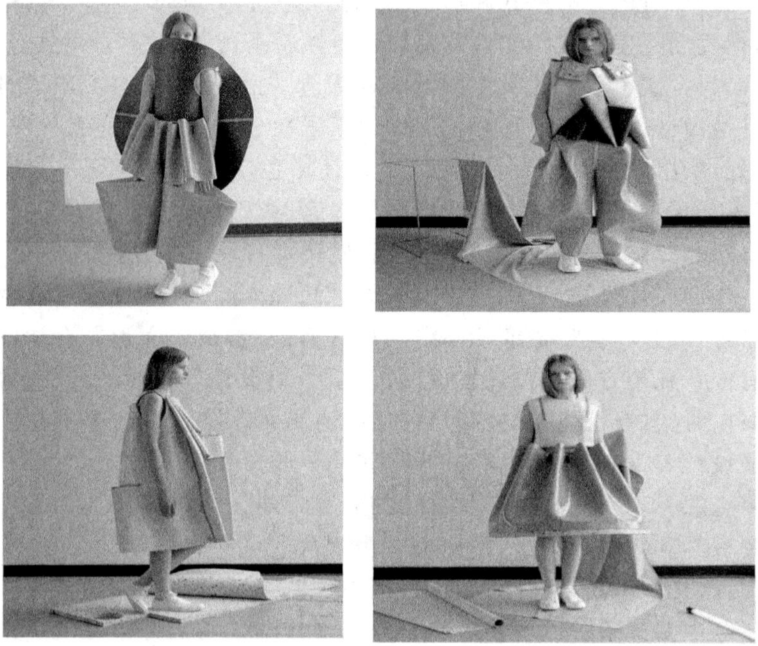

图5-18　孟菲斯设计风格的系列服装

孟菲斯小组认为装饰艺术与设计功能是和谐统一、相得益彰的，工艺上的精益求精是他们的目的，他们采用小范围的生产作为实践尝试的方法，因此这种规模化小的尝试有别于工业大生产的模式，与现代设计上的思维还是有很大区别的。孟菲斯小组在民间艺术和现代艺术方面所做的工作是前期收集了大量的相关资料，提供作为设计实验的参考，为后现代设计寻找具有新的表达功能的语境。孟菲斯小组认为：在多元化世界里，产品的功能、材料、形式三者可以独立存在。具体来说，功能只是产品与生活之间的关系的一个方面，形式不只是为了表现功能，它可以成为一种隐喻符号而服从于趣味，用以表达特定文化内涵。材料不仅是设计的物质保证，也是各种情感的载体。因而，一个形式与功能相矛盾的产品，只要它表达某种特有的情趣而令人喜欢，便有存在的价值。例如，彼得·希尔设计的桌子尽管实用性不大，但尖的边角和鳍形的腿使人想起健壮的鲨鱼，这可能会引起一种活跃生动的感觉；用索扎斯著名的书架系列设计来讲,有人讽刺它纯粹是在玩弄形式,正如他本人所言,实为一种“坏品味”或“多彩愉悦”的娱乐而已,并由此得出论调它没有破坏功能,而是相对地削弱了功能。实践中,如何能异想天开将书架做成斜的呢?如果换一种思路去思考,也许会感到结论不能下得太早或武断:撇开这一书架究竟给人带来多少精神享受或何种文化含义不讲,我们在平时的生活中都曾体验过这样的经历:在正常水平一垂直系统的书架上直放一本或一排书时常会因不稳定而倒下,如果在此水平面上欲放置一只乒乓球之类的东西,没准它会滚落,等等,我们发现这种方法的书架却能轻而易举地解决上述这些问题,更何况索扎斯的书架有长有短、有平有斜,真可谓错落有致,这种设计已经考虑到了各种使用状况的可能性,因此不妨说它有这方面的奇思妙想、有机功能、弹性功能或多功能特性,而他设计的打印机也是如此(见图 5-19)。无论是加蒂、保利尼和特奥多罗设计椅子(见图 5-20),科洛姆博设计的管椅和附加体系椅,保罗·鲁道夫设计的轮胎椅,还是帕卢科和里维尔设计的坦克桌,它们在一定程度上都削弱了功能,但这种削弱绝不是彻底破坏或削弱了原来应该有的基本功能。这种大胆的实验让人们看到了设计的新方向,对其寄托了殷切的希望,希望他能更好地改善百姓的生活。

图 5-19 索扎斯设计的打印机

5.5.4 格雷夫斯对后现代主义设计的完善

在经历了孟菲斯设计,其后的设计再也没有碰到像孟菲斯这种新设计思想的出现,或者说没有孟菲斯这种充满朝气的设计团队了。不过这一时期有一位美国设计师把人们的视线吸引了,这位设计师就是美国设计师麦考尔·格雷夫斯,格雷夫斯可以说是位奠定后现代主义建筑设计的重要人物,格雷夫斯同时也是一位著名的工业设计师。1985 年,格雷夫斯为意大利阿勒西公司设计了多个系列具有后现代特征的金属餐具,特别是会吹口哨的金属水壶(见图 5-21)的设计,这件作品可谓是后现代的经典作品,这个设计方案也

图 5-20　索扎斯设计的椅子

迅速风靡了全球。格雷夫斯在壶口顶端设计了小鸟形象并且采用了各种颜色，使设计充满了趣味性，特别是在当水沸腾时，壶口顶端的小鸟就迸发出悦耳的口哨声，格雷夫斯的想象力非常独特并且充满了生活情趣。在水壶的护手上，格雷夫斯增加了一块很厚的彩色拱形塑料，既起到了保护消费者的手不被金属把的热量烫伤，又增加了金属水壶视觉上的丰富性和层次感。格雷夫斯的设计更体现了设计的人性化，虽然使制作成本有所增加，但是这种增加改变了对工业设计产品的态度，增加了消费者的生活情趣，消费者也不必为水何时烧开而担心，这种充满个性的设计语言体现了以人为本、为消费者服务的观点，是值得赞扬的。

图 5-21　格雷夫斯设计的金属水壶

格雷夫斯这种具有"人性化"的后现代设计思想在世界设计领域的影响不断扩大，不单单在服装设计领域、平面设计领域、建筑设计领域、工业设计领域，特别是发达国家的设计师们对人性化的表述和设计内容感性化的理解，都产生了重要影响和极大关注。以格雷夫斯为代表的后现代以人为本的设计充满了感性认识和人为关怀的形式，是值得国内设计师认真学习与借鉴的。

21 世纪以来，各种设计思潮都以格雷夫斯人性化的设计为蓝本，强调形象、生理、心理相关联与相统一，视觉形象的创造须与人的生理和心理相吻合，并注重个性和人的情感流露的人性化设计思想，这也将成为我们永久的启迪。

在后现代主义强调功能为主体、装饰为辅的设计思想中，充满着人文主义的关怀，实现了功能与审美更高层次上的结合，形式上的个性化、多样化造就了极具意蕴的审美趣味。

5.6 审视后的装饰

5.6.1 重新认识装饰内容

在谈到物体设计中的装饰，因为概念性的原因，人们区分和界定哪些部分属于产品装饰设计是很困难。按照我们的习惯和传统的观点，往往将产品整个大的外形都归结为形体设计的范畴，而将局部的图案和线性的点缀视为装饰的领域。如果我们从这个角度去理解产品装饰，会感觉属于产品装饰的部分不多，去装饰的论调就会出来。但是，如果我们真的不需要在产品中进行装饰的话，很容易就会看到这种极端思想所带来的严重后果：颜色单一化冷漠感加强，产品与人之间情感沟通的桥梁不畅；脱离了生活化的设计是不能长久的；甚至有人会想能不能只满足功能需求，对产品的美化不去关心。所有这种现象我相信是大家都不愿意遇见的，那么在肯定装饰对产品的积极意义的情况下，我们来划分产品装饰的内容，确定哪些部分属于装饰的部分是很有必要的。在分析产品装饰问题时，我们需要回到装饰的概念问题，从概念上分析产品装饰问题并加以理解（见图 5-22）。

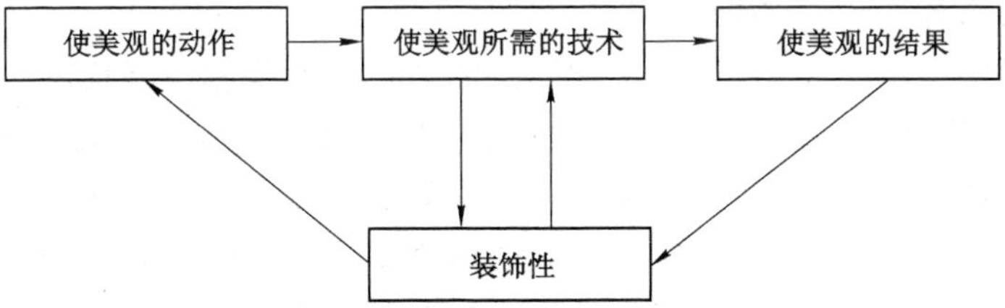

图 5-22 装饰包含的几个方面

人们在谈到装饰问题的时候，对装饰科学的理解应该包括以下几个方面：

（1）装饰的目的性。通过装饰确实对产品达到了美化的效果。

（2）装饰的工艺方法。在装饰过程中所应用的打磨、抛光、粉饰等手法。

（3）装饰的艺术化。传统文化的把握、设计元素的收集、设计手法的应用等。

(4)装饰的形态设计。前面3个概念好理解,但是对于产品的装饰性问题以前在形态设计中是很少探讨的。例如:男士领带的装饰性,男性领带发明的目的是用来固定衣领,起初的功能性很强,随着领带的普及就越来越重视装饰性;女性胸针的产生过程也是如此。我们可以看到物品的功能性逐渐退却后,它的精神、力量、美学特征逐渐凸显之后,我们就说它越来越有装饰性。法国巴黎的埃菲尔铁塔,中国上海的东方明珠电视塔等,它们都具有很强的装饰性。

在对装饰性科学理解的基础上我们来分析一个形体的内部,我们也可以看到有功能性部分,也有装饰性部分两个环节。如果单纯追求产品的功能,可能会失去不少情感意义,淡化与消费者的沟通,如果去增补了形体结构,则会实现结构与形态的完整。例如:冰箱上的灯,从形状和产品功能实现上没有多大的意义,甚至可以说我们只需要按钮,而不需要灯光,但是当其发光时带给人的享受是很好的,这就是这些部件的设计具有装饰性;一辆汽车的前后灯的设计对设计师来讲要求也是很高的,车灯不仅具有照明的功能还有装饰性的需求,这也是消费者选择产品时十分关注的环节。

根据产品形态可以分为功能形态和装饰形态。功能形态:在一个物品的形态中,部分是由产品的功能结构所决定的,这是产品最基本的和必要的组成部分,是产品设计中必须遵守限定的空间大小和形式。装饰形态:装饰性决定的形态是比较灵活的部分,也是产品形体设计的主要对象。设计师对产品的艺术化处理主要就是针对这部分的空间和形态,通过对这部分空间的自由发挥,才有了产品形态中透露出来的仿生性和趣味性等。出于装饰心理的驱使而被设计师艺术化处理的部分就属于装饰形态的部分。

在古代的金属器物造型中,功能形态和装饰形态是相辅相成的。如:司母戊大方鼎,本义是祭祀,但是它还代表权威性,但是司母戊大方鼎外部装饰精美的图案让人膜拜,我们在发展中逐渐认识到装饰在美学方面和精神功能方面的重要性是不言而喻的,装饰作为一个独立的美学系统与功能形态互为补充,构成了器物完整的外观形态。在功能形态简单的器物中,装饰形态对提高器物艺术品质的作用尤为突出。反之在功能形态复杂的器物上,装饰形态就可以较为弱化。装饰形态的存在可以有显性和隐性两种方式。如器物材质本身色彩纹理的变化或者是结构性的装饰都可以视为一种隐性的装饰。但是,在人类设计史上也出现了一些功能形态复杂、装饰形态极为烦琐的产品,如西方的某些洛可可风格的作品,其装饰目的已不仅仅是起美化的作用或是表达对美好生活的向往,更是表达一种奢靡的情调。装饰性上确实有特殊的美感,这种美感也是多元社会发展的必然现象。

我们对艺术感官上的体验是丰富的,但是对功能形态的变化的可能性会比装饰形态的体验范围要小。一个物品的功能需求和结构对功能形态的限制性还是很严格的。我们纵观人类几千年历史,生活物品方面的变化除非人们的生活形态发生重大改变或者有新技术新材料出现,否则产品的基本功能形态不会有多大改变的。我们分析发现,产品设计主要针对的是装饰形态的设计。装饰形态有不同的层次,如与功能相联系的装饰形态、纯艺术表现的形态。人们通过产品的装饰形态,可以联想到它的功能或更多的层面,如文化性、历史性、民族性、区域性所带来的怀旧感和荣耀感。

5.6.2 装饰的功能性

工业设计中的装饰同形态一样都需要服从功能的需要。在可实用基础下,设计师可以通过装饰让功能更好地发挥,设计师也可以让产品艺术感更强,满足人们对产品视觉上的享受。

装饰的目的性和意义就是让产品的功能更好地体现。我们可以看到在产品发展历程中,装饰始终在扮演这个功能。早期的产品最大的障碍就是美,工业设计师通过增加一些装饰部件来突破人们的审美障碍,但是效果不佳。随着专业设计师的介入,通过对产品的美化和包装才使得人们慢慢地改变了对机器产品的态度。装饰语言的运用大大提升了产品的销量,企业取得了巨大成功。设计师摆脱了冷酷的产品本身,对产品形态进行了大胆的改良,逐渐摆脱了机械的、几何形的、直线性的设计,原来产品设计也可以用曲线美来呈现。包豪斯兴起的现代主义过度强调功能性抛弃烦琐装饰,给装饰艺术带来了反思,而后现代主义设计将装饰由外部形态深入到产品内部的结构,赋予产品以时代印记,通过形态的装饰性传达一种自由与生命意向,创造了富有生命力的装饰形式,这是值得肯定的。在现代的产品装饰中,外在的装饰形式已经不是主流,装饰回归到它本身的一种辅助地位,也将自己的精力主要集中在色彩心理学和材料技术的研究上,通过严谨而又科学的色彩搭配满足功能实现的科学性,通过材料将表面的装饰进行了升华。如饮料瓶的外部包装设计(见图 5-23),已经考虑到了人性化特点,便于消费者在使用商品时能够感受到多元设计的成果,凸显了装饰的综合应用性。

5.6.3 装饰与功能的融合

装饰需要与功能融合,这是社会发展和消费需求的必然趋势。装饰的范畴已经超越了外观性的美化,好的装饰性产品不仅要求设计师要从产品本身去衡

图 5-23　饮料瓶的装饰设计

量,还要考虑人体功能学,做到人性化设计,我们摆脱产品本身,强调产品对消费者的有机化、便利性,不仅从视觉感官的设计入手,装饰的美还能感受到人性化的美,这样的设计才是客户需求的产品。所以,将来许多装饰会在产品外形初期就融入产品设计中去(见图 5-24 和图 5-25)。如鞋子的装饰性设计,鞋子已经不仅仅是穿着的功能,同时也融入了装饰性。包的设计最大限度地符合人体和人的行为方式,让装饰融入产品的形态中以美化产品,这将是技术和艺术的完美融合。从仿生设计和有机性设计中装饰的运用,我们也可以预测未来的装饰将不仅仅是生硬地添加在结构中,而是更多地融入产品的结构和功能中,以完善对形态的美化,表现形态上的丰富性和韵律感。著名设计师马尼拉座椅设计中的装饰造型既具有功能性,又具有审美性(见图 5-26)。

图 5-24　鞋子的装饰性设计

图 5-25　包的产品设计

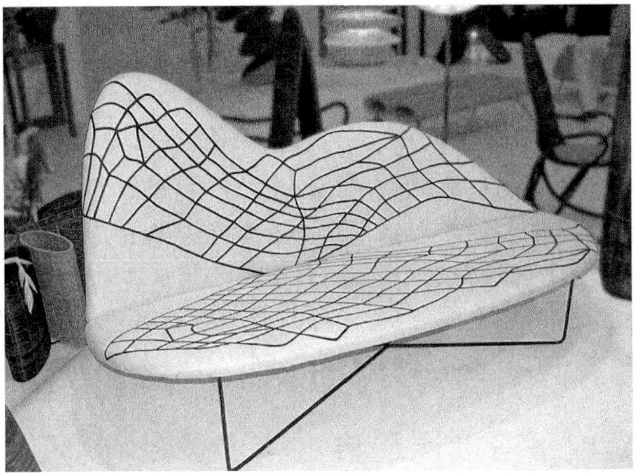

图 5-26　马尼拉设计的座椅

5.7　功能与装饰更深层次的意义

在艺术设计的现代进程中，功能和装饰设计总是相互矛盾又相互联系的。生产力和生产关系的矛盾，功能和装饰传统的冲突，是社会发展设计创新的内在动力。艺术设计的现代化过程实际就是矛盾冲突的过程，是人类生命潜力智慧化的过程。

现在，艺术设计不是艺术、文化、科学的简单再现，艺术设计是人类创造性活动的重要体现，特别是当今世界各种思想的尖锐冲撞，历史文化的碰撞，科学技术的迅猛发展，瞬息万变的现代商业，新媒体新技术的传播和延伸，设计语言的平面设计，三维的立体设计，以及多维空间的发散，艺术设计体现在方方面面。在艺术设计的实践领域中，从新技术语言设计到一体化制造已成主导，但是在理论界中各种关于后现代、解构、艺术没落等，以及约瑟夫·派恩提出的“体验经济时代”的影响，“体验设计”开始活跃起来。

在各种思想对功能与装饰开始了各种讨论的同时，有些人认为功能与装饰已经过时了，因为现代的功能与装饰已经被理论家、实践家反复地掂量、修改、补充，似乎是完善了，可是概念却变得越来越模糊。有的对功能与装饰哪个重要产生了厌烦心态，而又有人认为反复去论证功能与装饰哪个重要已经变得不重要，可以用新的语言描述两者的概念那就是实用与美观。它们认为现在已经没有其他语言能概述了，只有实用与美观这两个词最贴切。

功能与形式已经互融，实用与装饰也应该互融共生。虽然功能的重要性是突出的，装饰相对于功能要弱化不少，这种关系人们也是认可的，但同时材质的多样性也是招人喜欢的。如果我们把丰富的材质和有机的形状相对分散的关系联系在一起，那么我们就会发现与功能性的形体，如整体性、几何形相对应，就会出现重心开始向非功能、非理性的一方转移。这种变化让设计师们感到迷茫和不知所措。这种思想上的迥异只能用"本元文化"这个词进行解读，"本元文化"应该能解答人们所产生的迷惑心态。东南大学著名理论家张道一先生的"本元文化"的理论更能有力地解释这个问题，张道一先生的"本元文化"理论精髓在于精神文化与物质文化分解之前，还有一种兼有两者的综合性的文化，而这两种文化的产生并没有将本元文化分解，而与之并列。

5.8 哲学角度下看发展趋势

中国道家观念中的"虚无"实质上是包容万物的概念，绝对的无和有都是不存在的。无和有如同钟摆的两个极端，无是对有的否定，也成就了新一轮的反复。在哲学上，无和有是一对相反相成的概念，在功能与装饰问题上的无装饰或无功能是对传统装饰或狭义功能的否定，也必然产生否定之否定的规律运动。任何物体的发展都是相对的，装饰和功能两者的关系也是相对的，它们在发展的过程中互为关系，一直在做一种螺旋式的运动。用如此的艺术发展规律同样适合于描述功能和装饰运动的规律。

现代主义和后现代主义之间的各种辩论近百年来从没有停息过，这不能不说是个可喜的现象，但是随着多元化思想和新科技的飞速发展，我们再来研究两者就会发现，我们对功能和装饰界定的概念产生了某种变化，才导致人们在理解上的偏差。我们再重新审视两者的关系，现代主义强调的"形式依随功能"理念的片面之处在于：他们为了突出产品功能的地位，时常把产品的功能性和艺术性对立起来，排斥一切带有较多文化意义和富有人情味的东西；而装饰干扰功能理念的偏执之处则在于：他们认为关于使用功能的争论无济于事，所以把产品设计作为一种意识形态、艺术个性、文化创造来表现，建议设计为人服务、以人为本，以满足人们对物质的需求为目的，而不是为经济发展和经营效益而工作，设计师的终极目的是提高人们的生活质量，而不是简单的财富积累。后现代主义强调"形式依随感觉"，主张用材料、色彩等装饰元素去丰富我们的生活，并不能片面理解为后现代主义设计反对功能强调装饰，他们只是在设计中削弱了产品的使用功能，而更加强调产品的精神功能、象征功能、意义功能等。这种哲学上科学而客观的分析能够让设计师明确前进的方向，对设计的发展至关重要。

5.9 结语

通过解读功能和装饰，可以明确其语境的表达方式，结合徐州两汉文化视觉语境进行新的视觉维度应用。徐州两汉文化视觉语境的价值，在于推广和借鉴的方式和方法。作为一座现代化的城市，徐州承担着对外传播汉朝悠久历史与传承千年民族精神的重任。徐州的文化产品和视觉语境的应用是城市发展与两汉文化的集中体现，是重要的载体与传播途径，明确了我们设计的思路问题，设计的作品必须做到以人为本，以满足人们的最大需求为终极目标。

6 徐州两汉文化视觉元素的归结、提炼与应用

传统与现代并不是矛盾的，我们所关注的是如何继承传统、发展现代有创意的文化艺术。这种继承并非简单地移植，也不是一味地“拿来”，我们需要按照现代人的生活方式进行设计。设计艺术的现代感，在很大程度上是对于传统的继承和发展。我们不应该忽视传统艺术在现代设计艺术发展进程中的启示作用，没有传统，就没有现代设计，没有传统的辉煌和历史的积淀，中国设计就没有屹立于世界设计之林的今天。

如何使中国的视觉传达艺术设计在世界设计中独树一帜？民族化的表现手法是值得思考的一个重要方面。中华民族文化是人类文明的共同财富，是世界优秀文化的重要组成部分。北京 2008 年奥运会的平面设计就包含了丰富的民族元素，如太极图、太极拳和北京奥运会会徽中体现出的中国印、中国结等，均表达了奥林匹克更快、更强的体育精神。中国银行标志的设计，设计者也充分运用了民族元素，天圆地方的古钱币，表明了中国银行是面向全球的国际性大银行。

6.1 徐州两汉文化视觉元素的符号学基础

符号这个概念起源于 20 世纪初，最早由瑞士现代语言学理论的奠基者费尔迪南·德·索绪尔和美国实用主义的创始人查尔斯·皮尔士所倡导，直到 20 世纪 60 年代才作为一门学科建立起来。因符号学涉及领域广泛，研究的理论成果也涉及众多学科领域，二者之间互相渗透，相互影响。

民族元素的符号化语言是指运用艺术化方法对其进行提炼，并且能够反映特定民族情感的形象化的语言符号。这种符号是采用表象和意象的形式，进行形象化具体表现的符号。所谓的符号化就是采用媒介的艺术造型，采用思维赋予民族元素对象以形式和概念，使对象比纯粹的自然状态更容易认识，并主动去摄取，以造型表达情感。民族元素以图形的形式具体呈现，具有相应的类型、寓意和审美价值。

中国两汉文化是一个博大精深的文化体系，无论是过去或是现在都深受东西方文明人士的崇拜和羡慕。但是两汉文化的形成较之中国上古时代文化的形

成，起步比较晚，以华夏文化为核心，从西部到中原，在汲取了中华文化精髓的基础上形成并发展起来。自汉高祖刘邦出生，至大汉王朝的齐鲁文化、中原文化、关中文化、北方文化、巴蜀文化、吴越文化、岭南文化，这些文化的产生与形成都是与其所处的地域及政治环境密切相关，代表着地方文化的区域特色。徐州地处苏鲁豫皖交界处，属古齐鲁文化：即儒学文化。其地域是以泰山为中心的黄河下游地区，主要从事于农业和蚕丝织业，并因临海而富于鱼盐之利，故而形成了这一地域的文化和习俗特征。“其俗宽缓阔达而足智，好议论，地重，难动摇，怯于众斗，勇于持刺，故乡人者，大国之风也”；“而邹鲁滨洙泗，犹有周公遗风，俗好儒，备于礼，故其民龌龊”。对刘邦而言，荆楚文化、齐鲁文化都是烂熟于心，推崇与否因时势而定，表面上的好恶并不代表着文化层次的厚薄。确切地说，汉文化的很大成分来源于齐鲁文化，即儒学文化。两汉文化是在百族文化的基础上形成发展起来的。汉字、汉语、汉文化都是在悠悠的历史岁月中，经过长期的交流融合，去粗取精，去伪存真，形成的一种新的文化类型。特别是经历了秦始皇、汉刘邦两次“大一统”的改进之后，基本上形成了一种新的文化雏形。经过文、景、武帝的实践锤炼，使之成为较为稳定的民族文化。加之两汉时期政治、经济、军事、外交、科技、文化各项事业的蓬勃发展，对历史产生了深远的影响，因而形成了“汉人、汉语、汉字、汉文化”的特定称谓。在博大精深的两汉文化中，主要内容及基本要旨大致如下：“无为而治”奠定了汉王朝的立国之本；“独尊儒术”造就了汉王朝的长治久安；“龙凤文化”成为中华民族的精神象征。

如前所述，“龙凤文化”继承和发展了夏商文化的一个部分，是我们先祖所尊崇的图腾。夏、商之后，龙凤的形象在华夏民族的心理上越来越伟岸风采，诗词歌赋、器皿饰物无不体现出龙凤呈祥的吉瑞之象。时至今日，虽没有人再将自己封为“真龙天子”，但“龙的精神”，即那种叱咤风云、驾驭自然的神伟形象，依然活跃在每个人的心中，鼓舞着人们奋发向上，拼搏进取。总之，博大精深、浩瀚无垠的两汉文化是一个集萃八方百族文化的整体，体现了中华民族文化的心理，是融合和汲取了各种类型文化精髓的“大一统”文化，因而也就显示出十分的广泛性和适用性。它既具有各民族文化的基本共性，又具有自己独特的文化个性和鲜明性，是促使民族统一、国家统一、多元文化走向一元文化的光辉典范，其功绩之大、影响之深是任何一种文化都无法比拟的。因此，作为华夏民族“核心文化”的两汉文化是中华民族的文化象征，它凝聚着中华民族奋发向上、自强不息的斗争精神，今后仍将会对中国、对世界产生积极而深远的影响。

汉高祖刘邦统一中国后，对东方重镇且为桑梓故里的徐州做出了煞费苦心的安排。封其异母弟刘交为楚王，都彭城。刘交仍侍奉其左右，出入其卧内，参与政事决策，显然是最重要的皇族成员之一。楚国当时拥有薛、东海、彭城 3 郡

36县，经济实力雄厚。西汉楚王共传12代，这些诸侯王和王妃、列侯、翁主以及文武重臣、贵族豪绅的陵墓，都隐藏在徐州市区周围的几十座小山中。这些王侯显贵的墓群及随藏的汉俑、汉画像石、汉代像石、汉代器物等，尽显汉代的经济文化成就。所以，徐州的汉墓、汉画像石和汉兵马俑为“中国汉代文物三绝”不足为奇，徐州为“世界级的中国两汉文化博览区”也不足为奇。“大风起兮云飞扬，威加海内兮归故乡，安得猛士兮守四方。”汉刘邦一曲《大风歌》传唱了2000年，也着实传诵出古国中华雄浑博大的情怀和百折不挠的意志。因此可以看出徐州两汉文化艺术元素基础的深远。

关于两汉文化符号的思考。徐州在悠久的历史发展进程中，积淀了丰富的历史文化，也给后世留下了大量的文化遗存，如：狮子山楚王陵、狮子山兵马俑、北洞山地下宫殿、龟山地下宫殿；土山汉墓出土的鎏金兽形砚；睢宁刘楼汉墓出土的铜牛灯等珍贵文物等。但由于历史久远，使许多地上遗迹大多在历史洪流中消失殆尽，目前我们只能从那些规模宏大的地下宫殿中去寻求大汉王朝的蛛丝马迹。冯健、张小林、金其铭在其《文化景观结构的地域整合与旅游开发——以徐州汉文化景观为例》一文中认为，徐州的汉文化遗存主要有6种形式，主要包括：① 不同形制的汉代墓葬；② 汉兵马俑；③ 服饰、装饰品及吉祥物；④ 生产器具和生活用品；⑤ 汉画像石；⑥ 汉代典籍、著作。从这6种形式中，我们不难看出，徐州两汉文化遗存主要集中在这一时期的墓葬中。其中，最为突出的是汉墓、汉兵马俑、汉画像石。汉代有“视死如生”的丧葬观，在墓室的形制上极力模仿现实生活中的地面住宅，汉墓的造型艺术、构图布局、雕刻技法、形象刻画、材质肌理、线条造型等表现手法和特征都为艺术创作增加了丰富的素材。汉兵马俑在继承了秦兵马俑风格的基础上加以发展，由写实转为写意，从年龄、神态、体貌特征中寻找差异，塑造各种各样的形象，来表达人物丰富的内心世界和精神风貌，以达到形神兼备的效果。其雄浑磅礴的气势，以及拙朴中富于含蓄、更加耐人寻味的艺术手法，在中国的雕塑艺术史上，为人们留下了永恒而美丽的篇章。与南京的六朝石刻、苏州的古典园林建筑并称为“江苏三宝”的汉画像石艺术，其艺术造型元素多种多样，具有极高的艺术价值，最具代表性的造型元素有装饰图案、构成形式、肌理等美学元素，在构图布局与雕刻技法上特色鲜明，在表现形式上更是丰富多彩。其雕刻技法精湛娴熟，用刀健劲有力，在坚硬的石块上创作了栩栩如生的形象，成为具有永久魅力的艺术珍品。除了以上“三绝”之外，我们从汉文化景观的结构表中能直观地看到徐州汉文化遗存还有：墓葬中出土的服饰、装饰品及吉祥物，生产器具和生活用品，汉代典籍著作等3种形式，如小龟山汉墓中发掘的刘注银印和水晶带钩、东洞山汉墓中出土的鎏金铜盆(重达10千克，并有铭文“赵姬沐盘”四字)、土山汉墓中出土的鎏金兽形砚、鸟兽饰、蜗牛灯、雁足灯、银缕玉衣等都属稀世珍品。这些丰富的汉文化遗存，在设计创意中以多变的艺术形式为公共艺术的创作提供了创作灵感和源泉，艺术家们选用现代艺术的抽象语言和纹饰，把大众所熟悉的符号或信息作为设计元素运用到徐州城市具体环境中去，对于徐州两汉文化品牌的打造、城市品位的提升以及市形象的塑造，会起到非常重要的作用。

作为中国传统艺术，中国民族传统图案具有6000余年的历史，起源于原始社会的彩陶图案。考古发现马家窑文化遗址、河姆渡文化遗址、半坡文化遗址出土的彩陶图案最具代表性。不同地域、不同历史时期、不同文化、不同族群形成了各具特色的装饰图案，并在流变中逐渐发展形成中国传统特色的民族符号化典型图案。中国传统图案的符号化表现形式、表现内容、艺术风格具有鲜明的特征，可以根据这些特征对中国传统图案符号化形态语言进行分类研究。

中国古代先人为表达对大自然的记录、对美好愿望的祈福或从事宗教活动的祭祀，经常将自己喜爱的吉祥图案通过物化来传达感情，这是一种民族符号化语言的所指性。这种民族符号化语言根据其表现形式分为5种装饰图案，中国传统题材的图案符号化形态体现，往往是根据具体表现形态划分，如植物、动物、人物、瑞兽祥禽、器物、几何、吉祥文字及祝福语等。

(1) 植物纹。中国传统图案表现植物的图案，内容广泛、风格独特、艺术表现性强，人们根据植物生长的特征赋予它们人性化的色彩、品质、气节和寓意。如四君子(梅、兰、竹、菊)、岁寒三友(松、竹、梅)、长春花、宝相花、水仙花、三多图(佛手、石榴、桃)、卷草纹、柿蒂纹和缠枝纹等。这种用具体植物形式的个体指代性表达的特点，是对其精神实质性内涵的升华，达到了民族符号化语言的所指代性特征。

(2) 动物纹。中国传统图案表现动物的图案种类繁多、形式多样、丰富多彩。人们根据自己对美好事物的思想寄托，赋予飞禽走兽、昆虫鱼蟹不同的寓意和民俗文化观念。例如，水中游的乌龟和鲤鱼，空中飞的仙鹤、孔雀、蝴蝶，路上走的鸡和羊等。这种符号化语言的体现形式，就是通过具体的动物形态，给其注入更深的民族情感色彩。

(3) 人物纹。中国传统图案依据故事类别表现人物造型的图案很多。通过对具体故事人物形态的提炼，达到弘扬民族精神的载体。例如嫦娥奔月、夸父追日、女娲补天、敦煌飞天、古代四大美女、金陵十二钗等，主要是根据宗教神话故事、古代经典人物形象塑造。

(4) 祥禽瑞兽纹。祥禽瑞兽纹是中国传统图案表现主题之一。这种纹样是根据政治、文化、文学、宗教、艺术等因素的影响，把信仰的图腾加以现实化表现，其主旨思想就是要体现它的神圣和庄严，便于增加族群的向心力。这种主题的表现对象，是人们通过创作将生活中的多种动物形象集合化组装，以达到情感思想的寄托为最终目的。其中以龙、凤、麒麟最具代表性。龙是骆头、龟眼、牛耳、蛇脖、鹿角、鱼鳞、虎掌、鹰爪的组合体；凤凰是鸡头、蛇颈、龟背、燕颔、鱼尾的组合体；麒麟是马头、虎背、狮眼、鱼鳞、麝鹿身的组合体。

(5) 器物纹。这种中国传统图案类别主要是受到中国传统宗教的影响，借用宗教法器物加入祥云设计元素组合而成。古人认为道教和佛教中的宗教法器物是具有神奇魔力的庇佑物，被人们披上了神秘的宗教色彩，认为是神佛的化身。人们同时将这些法器根据寓意进行了组合，通过具体器物纹样来传统符号化的所指性。例如“八吉祥”(轮、螺、伞、盖、花、罐、鱼、长)、“八宝”(宝瓶、宝盖、双鱼、莲花、右旋螺、吉祥结、尊胜幢、法轮)、“八卦图”(天、地、雷、风、水、火、山、泽)、“太极图”(阴阳鱼图形)、“暗八仙”(渔鼓、宝剑、花篮、笊篱、葫芦、扇子、阴阳板、横笛)、“如意”(林芝、祥云、心形)等。

(6) 几何纹。这种图案是中国古人把生活化的东西，通过抽象变形的艺术处理手法提炼后组成的有规律纹饰，起装饰作用。这种生活化物像处理和提炼形式，就是对生活化中存在美好事物的总结化和符号性的民族具体化过程。主要有回纹、方胜纹(两个菱形压角相叠)、拐子龙纹等。

(7) 吉祥文字纹和吉祥祝福语组合图案。这种吉语文字纹是中国传统图案的表现方式之一，是运用诗词歌赋或用文字与图案的组合进行装饰的纹样，并根据汉字特征进行笔画的粗细变化。民族元素的符号化特征更加鲜明，这种纹样的代表主要有“福、禄、寿、喜”、“卍”等(见图 6-1)。

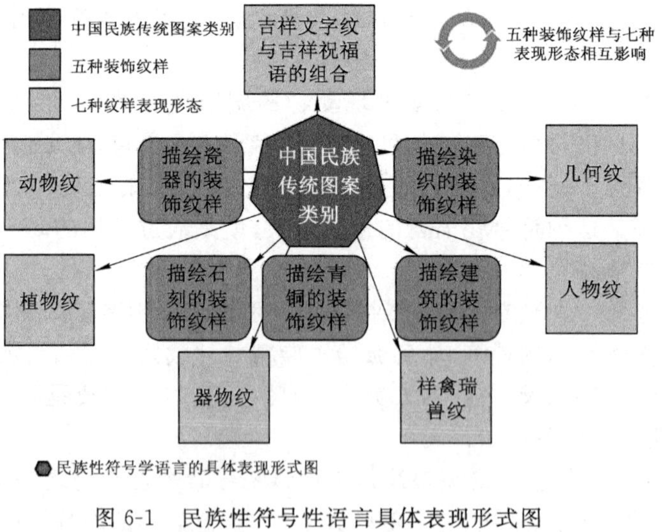

图 6-1　民族性符号性语言具体表现形式图

6.1.1 民族传统图案的寓意

中国优秀传统艺术和本民族历史文化的结合造就了中国传统图案。中国传统图案的艺术表现注重写意，我们从徐州汉画像石的图形中可以窥见，它将本民族深邃的哲学思想和对美好事物的向往，通过具体的物的指代性实现了情和意的完美融合，通过具体的“物”进行了形象化、符号化再现。中国传统图案中蕴涵着象征、谐音、借代和组合的表达方式，深藏寓意思想和民族历史文化内涵。

（1）运用象征的表现手法。象征表现形式可以通过符号学原理进行解析，即通过某个事物的特征，借助事物间的联系，集中反映和表达事理的精神内涵，并能够得到广泛认可。象征的表现手法，在中国传统图案的创作中运用十分普遍。如：“卍”字形纹饰被看作是太阳和火的象征，“卍”字在宗教中被认为是护身符；龙是传说中神异的生物，被赋予了民族精神和民族感情，是中华民族的图腾和象征；龟与鹤因其寿命长，被视为长寿的象征。这种运用“物化”与人们对自身美好未来理想进行象征性的情感连接，以达到“意象”符号化意义来表达美好寓意的效果。

（2）运用谐音的表现手法。谐音的表现手法是中国传统图案中比较常用的表现手法。谐音就是借助于某个字的发音和想象中的“物”一致，把好的思想赋予在这个字上的表现形式。按照美的形式规律表达出来的图案在生活中应用比较广泛。如：“蝙蝠”的读音寓意“偏福”；“吉象”的读音寓意“吉祥”，在大象的背上放置花瓶，寓意“天下太平”；把两个柿子相互连接起来根据柿子的读音寓意“事事如意”；运用戟、磬、双鱼来构成图案，读音寓意“吉庆有余”。这种借用读音的相似性来表达美好寓意的思想性，是人们对美好事物的向往情结所引发。

（3）运用借代的表现手法。借代的表现手法在中国传统图案中使用得也很普遍，主要是借助事物特征或标记进行代替，表达了借代与事物间的深刻联系，借此来表达意图。如：抚琴、弈棋、书法、绘画这四艺在古代被誉为是知识渊博，指代学术高深；“暗八仙”被指为宗教 8 件法器，被借代指宗教或者借代指护身法器。这种借物寓志、寓情，所指代中寓涵中国传统思想智慧，低调、含蓄的思想情怀与借物所指的表述方式。

（4）运用组合的表现手法。组合的表现手法在中国传统图案中使用的频率也很高。这种表现手法就是把两种或多种不同的事物组合起来，表达某种观念和寓意。运用组合手法的最大特点，就是既丰富了画面，又增加了更深的含意。将马和猴组合在一起就叫作“马上封侯”；把竹子、梅花和两只喜鹊组合在一起称为“竹梅双喜”，寓意夫妻大喜等。这种对“物” 与“物”所进行的组合方式联系，其实是把美好事物的联想通过“物”的组合形式，进行表达的一种美好寓意。

通过分析民族传统图形的寓意表现手法，这 4 种形式涵盖了民族传统图形的“所指性”寓意和符号性的“意指性”。虽然表现具体手法不同，但是民族符号性“意境”体现十分明确，实践应用操作性较强。

6.1.2 民族传统色彩的“五行五色”学说

中国传统色彩作为民族元素的一种，注重对“五行”“五色”界定。由此可见，中国古代的五大色都来源于人类对自然界生态现象的深刻认识，来自于对自然色彩的模仿，是我国古代人民客观地认识自然界色彩并总结出的五色论。

通过分析可以了解到，中国民族传统色彩的概念是具象的，同时它还具有抽象的思维逻辑性，蕴含着中国传统色彩的符号性寓意。通过上文对民族元素的分析可以看到民族色彩使用规律，遵循的规律就是“五行”“五色”（见图 6-2）。所以，在研究中国民族元素时要按照此体系来界定中国传统色彩的用色概念。为后期设计提供了参考和借鉴的作用。

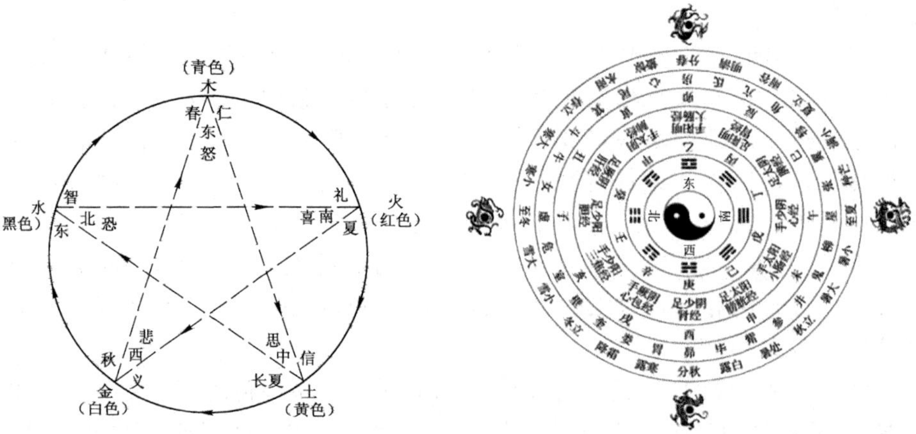

图 6-2　中国传统“阴阳五行”说

款式、面料和色彩作为服装的三要素，是设计师设计时重要的参考标准。“远看色彩近看花”，色彩往往具有先声夺人的效应。应用民族色彩，除了要借用前期研究的“五行”“五色”说，了解服装设计中的三要素，更要了解色彩三要素——“明度（Brightness）、饱和度（Saturation）、色相（Hue）”，即明亮程度、纯净程度和色彩的本来面貌（见图 6-3）。

设计师可以根据民族传统色彩的特性和配色原理进行调色、配色，对民族元素中的中国传统色彩“五行五色”进行借鉴运用。民族传统色彩讲究色彩的纯净

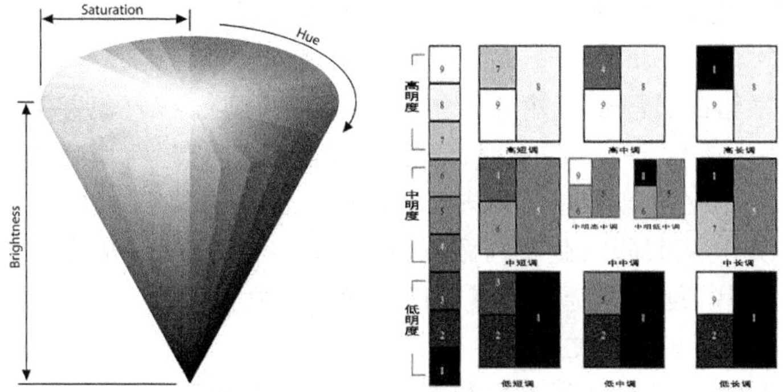

(a)　　　　(b)

图 6-3　配色原理

(a) HSV 颜色模型；(b) 色彩明度变化搭配方式

度和色彩的厚重感，如“PANTONE”的国际通用标准色卡显示大红色即中国红(18-1663TPX)、紫色(15-1201TPX)、金色(15-1142TPX)、黄色(14-0643TPX)等。这样设计出的作品可以体现出既热烈又古朴的民族特征。

6.1.3　民族传统图案中的审美价值

中国自古强调“天人合一”，重视人与自然的和谐统一，崇尚孔孟，于是儒家思想深深影响了中国几千年。中国儒家思想的核心就是“中庸思想”，因此中国传统审美价值强调的就是“均衡和谐精神”，只有做到了均衡、对称、统一，才能够构建出传统的美学意义。这 3 种审美形式在中国传统图案中有明显的体现，“均衡和谐精神”的审美价值观造就了中国传统图案的审美思想，中国这种历经岁月洗礼的传统元素是勤劳智慧的先人们把具体的“物”视觉化的表现形式，本身就具有美的艺术表现形式，我们可以充分运用这种平面的艺术视觉形象，这种价值观的延伸形成了中国传统艺术中艺术表现方法。中华传统文化积淀到今天，是华夏民族历经千年精神遗产的写照，是中华审美价值的精髓所在。研究中国传统图案不能抹杀历史发展长河中华夏各民族的贡献。因为正是华夏各少数民族的奉献，才会使华夏传统文化聚溪成河，推动中华传统图案变得更加璀璨夺目。中国多元文化的传承和发展造就了丰富多彩的民族传统图案艺术，形成了中国传统审美价值“均衡和谐精神”。

6.2　徐州两汉文化视觉艺术类型的分类归结

徐州两汉文化的艺术元素通过统计主要集中在汉墓、汉画像石、汉兵马俑等，徐州发现和收集的汉画像石众多。新中国建立后，党和政府十分重视汉画像石的收藏和保护工作。1952 年成立了徐州汉画像石征集保管组，将散置在建桥梁、砌厕所、垒猪圈、铺道路、建井台上和水溪边的画像石收集起来，加以保护。徐州汉画像石艺术馆是收藏、陈列、研究汉画像石的专题性博物馆，于 1989 年 10 月 1 日建成开放。现仅徐州汉画像石馆(南北馆)存放汉画像石已多达 1400 余块，其中个人收藏家的收藏汉画像石数目也很多，(徐州汉画像石馆老馆 1000 余块、新馆 450 块)据不完全统计目前徐州现有汉画像石大约 2500 块，成为全国四大汉画像石出土集中地之一。

西汉时期的王侯陵墓，建筑面积大、墓室多的大型墓葬，均建于山体中，有甬道，有成组大块塞石防盗；东汉时期彭城王的墓葬，与西汉时期楚王陵相比，风格迥异。一般是在平地或台地上竖穴起坟造墓，有较大的封土堆，与西汉楚王陵独霸山头的气势不可比拟。

1952 年以来，文物工作者还先后科学发掘了徐州市郊九里山、铜山区茅村、新沂市瓦窑、睢宁县九女墩、邳州燕子埠、占城果园、沛县栖山、丰县华山等处完整的汉画像石墓 20 余座。

目前已经挖掘比较大的汉墓有 19 座，主要有：狮子山楚王陵、狮子山兵马俑、龟山地下宫殿、拉犁山地下宫殿、茅村汉墓、贾汪汉墓、范增墓、驮篮山楚王陵、北洞山楚王陵、南洞山楚王陵、东洞山楚王陵、卧牛山汉墓规模比较宏大，九里山东山头西汉夫妻墓葬、九里山火山汉墓、天齐汉墓、架山汉墓群、徐州东郊土山寺翠屏山古墓、拉犁山汉墓等。

6.2.1 具象、喻象、抽象设计的表现形式归结

从现在发现的徐州汉画像石分析，徐州两汉汉画像石多鸿篇巨制。这和当时这里是帝乡，有彭城、下邳两个封国，皇亲国戚、王子侯孙聚居于此分不开的。徐州汉画像的题材内容丰富多彩，概括可分为两大类：一类是当时现实生活的反映，有许多是描绘墓主人生前骄奢淫逸的享乐生活的画面。如迎来送往、钟鸣鼎食、六博对弈、驰逐狩猎、射御比武、飞剑跳丸、驯象弄蛇、鱼龙漫衍、吞刀吐火等。其中吐火表演最为惊险，一人手操喇叭状物，鼓腮吹出熊熊燃烧的火焰，无怪乎张衡《西京赋》形容“吞刀吐火，云雾杳冥”。另一类是虚构，徐州汉墓主人希望死后成仙，因此在汉画像石上反映神话故事的内容有伏羲、女娲、炎帝、黄帝、东王公、西王母、日中金乌、月中玉兔等，都是一种喻象的题材画面，表示吉祥的图案有青龙、白虎、朱雀、玄武、麒麟、九尾狐、二龙穿璧、十字穿环等则是一种抽象图像。徐州汉画像石造型夸张、构图严谨紧密，以形传神，雕刻浑然有力、画风质朴简洁，具有很高的艺术欣赏价值。线刻细腻真切，有阴柔之丽，浮雕浑雄苍健，有

阳刚之美。阴柔阳刚,表现出一定的创造性和一种生活与精神的寄托,在形式上体现了中国传统美的基本要素。徐州两汉兵马俑造型美观,形态各异,种类繁多,表现手法夸张、简洁、明快。

6.2.2 外形、色彩、结构、纹理、技法的表现形式归结

徐州汉画像石主要由“写真”和“虚拟”两种图像组成。所谓“写真”,就是以现实主义的手法真实、形象地反映汉代社会生活的各个方面。所谓“虚拟”,就是以浪漫主义的手法表现汉代人某些思想意识和宗教幻想。这种“虚拟”有的来自远古的神话传说。徐州汉画像石在构图上一般把“写真”、“虚拟”两种不同性质的图像以分格的形式将其分开。如有的将画面分为上、中、下 3 格:上格刻仙鸟神兽,描绘的是虚幻的仙境;中格刻狩猎的情景,下格刻车马出行,展示了活生生的人间世界。但有时在“写真”的画面上也点缀一些“虚拟”的奇禽异兽等物象,主要取其吉祥之意。构图上的分格,有时又不仅仅是为了区分图像的性质,如有的画像石将画面分为 4 格,第一格刻人物会面,似一人邀请 3 人;第二格刻 4 人同行;第三格刻两人比武;第四格刻互相揖别。整幅画像宛如一组连环画,展示了画面的连贯性。汉代装饰图案在总体布局上,多采用满而紧的构图形成,但满中有序、紧中有舒,多而不乱、杂而不散,大小相间、错落有致。

在艺术表现手法上,作者往往不以写真求实为满足,而是以形写神,着力刻画物象的神情或神意。如著名的“力士图”,画面上 5 个力士均双目圆睁,动作各异,形象极其生动传神。为了表现力士用力过大,作者别出心裁,故意将几位力士的脚刻到画框的下界外,表现了汉代匠人们在构图表现手法上的高超,在石质岩上刻画,纹理表现细腻,手法简练,线条优美。雕刻技法主要有:平面阴线雕、剔地平面雕(也称减地平面雕)、浅平面阴线雕、凹面雕、透雕、圆雕。

徐州汉画像石色彩以石质固有色为本色,不添加任何色彩。而徐州两汉兵马俑在色彩上以绿色、褐色、白色、朱红色、黑色、蓝色等为主,色彩对比强烈,再现了当时社会风貌。兵马俑其艺术表现形式均采用泥模手法、合模技术进行烧制而成。

6.3 徐州两汉文化有代表性视觉元素提炼

4000 多年的文明史为徐州留下了大量的文化遗产和名胜古迹。其中,汉罐、瓦当、汉阙、汉兵马俑、汉画像石为代表的两汉文化最为夺目,集中体现了古人的非凡创造力和深邃智慧,对视觉传达设计中的元素运用也有一定的借鉴意义。

6.3.1 汉罐视觉元素的提炼

汉罐造型独特，将实用性和艺术性相结合，具有一种特殊的神韵。从历史文化上看，汉罐占有重要位置，具有十分重要的意义。瓷器是我国发明的，对世界物质文明做出了重要的贡献，但瓷器不是一次发明成功的。它经历了陶器（从新石器时代开始制作）、原始瓷器（至少从商代中期开始制作）、瓷器（从东汉后期开始制作）3 个阶段。汉罐不论是陶质的或原始瓷质的都经历了 1600 年左右的时间，在这期间生产出大量的生活必需用瓷，对推动物质文明建设起到过很大作用。

6.3.1.1 早期汉罐

徐州两汉时期的汉罐的使用与当时的生产力有直接的关系，汉代生产力水平还是不够发达，从百姓生活成本来讲金属器皿造价较高，所以金属器皿的使用率十分低下。作为陶土烧制的汉罐由于生产成本较低，普及率和使用很广泛。从徐州汉墓出土的汉罐来讲，汉代早期汉罐由于当时的制作条件落后，采用了比较简单的造型，曲面较少。颜色方面也比较单一，没有上釉，基本上是泥土的本色（见图 6-4），与宋代的瓷器来讲不可同日而语。以下是对早期汉罐的视觉元素提炼（见图 6-5）。

从整个汉罐的装饰造型上来讲，主要采用的是二方连续的表现手法，装饰的部位主要体现在汉罐的脖子、腰线上。纹样装饰也很单调主要为点、回纹、兽类面部造型。

图 6-4 早期汉罐

6.3.1.2 晚期汉罐

汉代晚期的汉罐和早期汉罐相比起来，体现了当时的生产力发展的大发展，开始使用釉水处理，汉罐表面光滑、圆润。就汉罐的颜色而言，比起前期汉罐颜

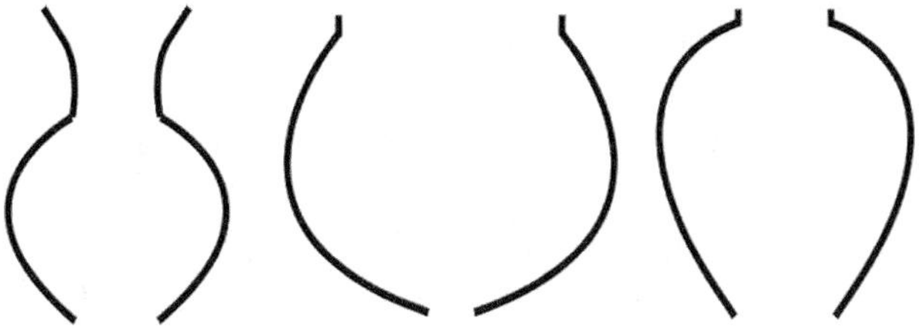

图 6-5 早期汉罐视觉元素提炼

色更加丰富，颜色的持久度得到了保持，这和当时颜料的运用是分不开的。但是，从图片上可以看出，前期汉罐和后期汉罐在造型元素上并没有很多的改变（见图 6-6）。汉罐的主要功能还是得到了保留，人们生产汉罐还是满足日常必需，主要是储备液体和粮食的需求（见图 6-7）。

图 6-6 晚期汉罐

6.3.2 瓦当视觉元素的提炼

中国用“秦砖汉瓦”来形容当时在建筑上使用广泛的装饰物。瓦当是中国汉

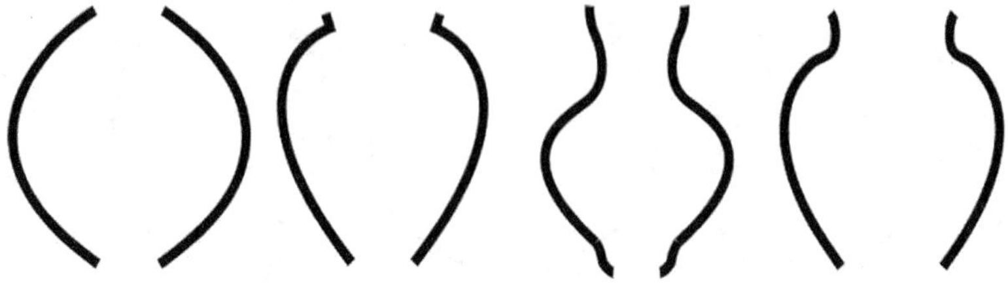

图 6-7　晚期汉罐视觉元素提炼

代建筑屋檐顶端的盖头瓦，俗称筒瓦头，又称汉瓦。以今瓦当之位置考察，正是位于筒瓦之端，椽头之上，用于蔽饰屋檐口出头之木，故“瓦当”之得名很可能因其位置和作用而来。瓦当一般为泥质灰陶，陶土一般要求土色纯黄，黏性较好，沙石较少的黄壤土烧制而成。瓦及瓦当的发明，是在制陶工艺高度发达的基础上，为适应较为成熟的土木结构建筑的需要而产生的。目前我国发现最早的瓦和瓦当，出现于西周中晚期的宫殿建筑群遗址下。因此，西周瓦当的出现反映了我国古代建筑技术的早熟、发达和独具特色，它是古代中国许多发明创造中又一独创。瓦当的使用不仅可以起到加固建筑构件、保护屋檐椽头免受风雨侵蚀，延长建筑物寿命的作用，更以图案、文字的美妙、生动，达到装饰和美化建筑物的艺术效果。它既是一种实用品，同时又是一种艺术品，而其自身所包含的社会意识形态方面的内容，又在不自觉中成为统治者宣扬其治国之道的宣传品。在规模宏伟的大型建筑物上，配以造型精巧的瓦当，构成了极富中华民族特色的建筑模式。

6.3.2.1　圆形瓦当

汉代的瓦当继承了秦及以前的瓦当的形制，有半圆形和圆形两种。圆瓦当的形制变化是：汉初与秦代瓦当风格近似，武帝以后特点较为明显。制作实现用模子将瓦面印好，再附在瓦筒坯上，因此一般是瓦面变大，被面光平，没有切痕和棱角，瓦当边轮较宽且平整，质地明显较秦瓦好，陶色为灰色或浅灰色（见图6-8）。

6.3.2.2　半圆形及其他形状瓦当

半圆形瓦当流行于汉初，半圆弧是一种富有动感和韵律美的造型，作为纹饰造型的背景和映衬，能更加突出整个画面静中有动，方圆结合的呼应和统一，增强艺术形象的整体性的美感。古代艺术家已自觉地运用这一原则，充分发挥瓦当自身体积造型的衬托作用（见图 6-9）。

汉代瓦当除了在其造型方面可以给视觉传达以启示之外，其上面的纹饰也可以为视觉传达提供一些设计元素。

首先，是在汉代瓦当纹饰设计方面采用最多的结构，中轴对称结构。这种对

图 6-8 圆形瓦当

图 6-9 半圆形及其他形状瓦当

称结构是中国古典艺术的传统特色。特点是等量同形，即以中轴线或中心点为支撑，向上下左右配置相同形状和大小的纹饰，使整个画面既庄重大方，又富有节奏和韵律。绝大多数云纹瓦当都是对称结构，以当心为中心点，上下左右分作四界格，每一界格为一单元重复一个四方连续图案，主次、疏密都经过精心安排，其线条的变幻无穷，又给这种对称结构一种飞扬流动的美感。以下是对圆形中轴对称结构瓦当的视觉元素的提炼(见图 6-10)。

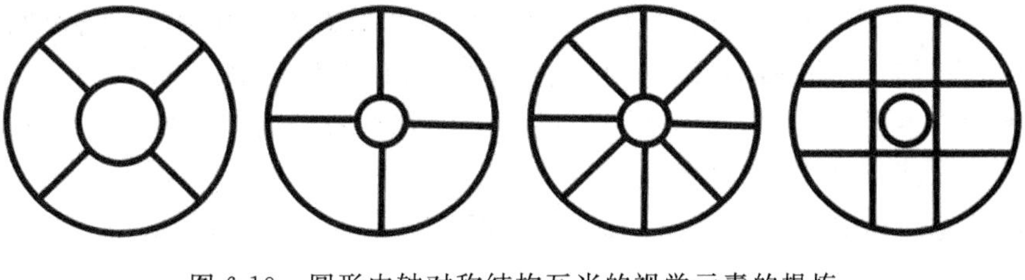

图 6-10 圆形中轴对称结构瓦当的视觉元素的提炼

其次，任意性结构在瓦当纹饰设计中也有较多的使用。动物图像纹饰主要是这种任意结构，画面舒展自由，不拘一格，都有一个主体纹饰满幅而来，气势铺天盖地，占去画面绝大部分，以不对称的灵活构图烘托出形象的动感，以浓重、粗拙的笔法渲染出一种单纯、烂漫的情怀，与后世的轻巧灵活之美完全不同，也不追求浮华、奇丽。整个画面绘以朴实饱满和古拙的美。以下是对圆形任意性结构瓦当的视觉元素的提炼（见图 6-11）。

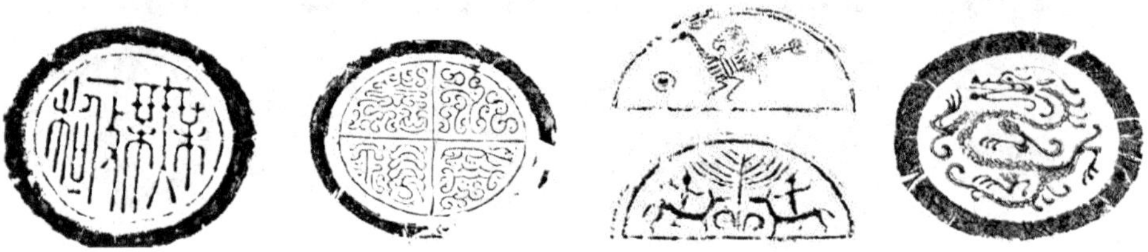

图 6-11　圆形任意性结构瓦当的视觉元素的提炼

半圆形瓦当流行于汉初，多采用左右对称的纹饰。半圆形瓦当与圆形瓦当相比来看，更加具有动感和韵律感，更加能够突出静中有动的韵味。以下是对半圆形瓦当的视觉元素的提炼（见图 6-12）。

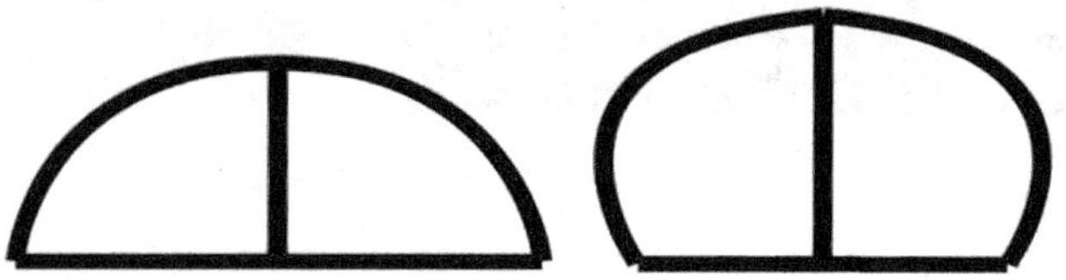

图 6-12　半圆形瓦当的视觉元素的提炼

6.3.3　汉阙视觉元素的提炼

汉阙是汉代的一种纪念性建筑，有石质“汉书”之称，是我国现存的时代最早、保存最完整的古代地表建筑，距今已有近 2000 年的历史。汉代成对地建在城门或建筑群大门外以表示威仪等第的建筑物。因左右分列，中间形成缺口，故称阙（古代“阙”、“缺”通用）。它的雏形是古代墙门豁口两侧的岗楼，在人们能够建造大型门屋后，便演变成门外侧的威仪性建筑，防御功能逐渐减弱，大致分为单阙和子母阙两种类型（见图 6-13）。

以下是对汉阙的视觉元素的提炼（见图 6-14）。

图 6-13 单阙、子母阙

图 6-14 汉阙的视觉造型元素提炼

6.3.4 汉兵马俑视觉元素的提炼

汉兵马俑原是距今 2000 多年前的西汉楚国的第三代楚王刘戊的陪葬品。汉代社会是一个视死如生的社会，人们认为人死以后，只是换了一个地方继续生活，因此生前所能享受到的一切物质待遇和精神待遇，死后都要想方设法带到另外一个世界里去。在这样一个背景下，一些手握重兵的诸侯王和高级将领，死后自然希望能继续指挥千军万马，兵马俑就应运而生了。汉兵马俑是徐州发达的汉文化的一个有力佐证，它以无可替代的历史内涵告诉人们，“两汉文化看徐州”。如果说写实主义的秦俑给人一种奔放雄浑的力量美，那么汉兵马俑在继承了秦俑风格的基础上加以发展，由写实转变为写意，不注重人物线条的比例是否准确，而侧重于人物的内心世界和精神风貌(见图 6-15)。

汉兵马俑的创作风格在徐州民间玩具创作方面也有传承。由于汉兵马俑是徐州西汉陶俑的一种类别，反映的是地方封国部队的军容，比秦俑小，重其意而不在乎其形。徐州民间儿童玩具造型简洁明快、生动传神，不重写实，整体浑然

图 6-15　汉兵马俑

朴拙，且情态细致入微，同时色彩对比强烈、民间气息浓重，集观赏实用为一体，每一件、每一款无不表现着江苏徐州民间特有的艺术韵味。它从兵马俑中汲取的营养有：对人物和动物的塑造概括有力，敦厚结实，浑然天成，意趣盎然，而且也不注重写实，却生动依然。它是一种完全或比较完全立体的地方性雕塑艺术，也是形体美最直接的表达方式，具有生命的力量感（见图 6-16）。

从以上的分析可以看出，西安的秦兵马俑高大威猛相比，给人一种奔放雄浑的力量美。汉兵马俑是在继承秦兵马俑的基础上发展起来的，是从具体到抽象演变的过程。汉兵马俑比起秦兵马俑，没有后者那样注重写实，而是由写实逐渐过渡到写意，它不注重人物与动物比例是否准确，而是注重通过造型的变化来提取和表达人物和动物的内心世界和精神风貌（见图 6-17）。以下是对汉兵马俑有代表性的视觉元素的提炼（见图 6-18）。

图 6-16　徐州民间工艺品

图 6-17　秦、汉兵马俑比较(上图为秦俑,下图为汉俑)

图 6-18　汉兵马俑有代表性的视觉元素的提炼

6.3.5　汉画像石视觉元素的提炼

汉画像石是汉代人雕刻在墓室、祠堂四壁的装饰石刻壁画。它在内容上包括神话传说、典章制度、风土人情等各个方面。在艺术形式上它向上继承战国绘画古朴之风,向下开启魏晋风度艺术之先河,奠定了中国画的基本法规和规范,成为我国文化艺术中的杰出代表和文化艺术瑰宝。汉画像石大致可分为两类:一类是人间的现实图景(见图 6-19),描写的是墓主人生前的享乐生活;另一类是天上的神仙世界(见图 6-20),描写的是墓主人死后祈求步入的仙境。

徐州汉画像石题材广博、内容丰富,反映现实生活的题材有车马出行、对博比武、舞乐杂技、迎宾待客、庖厨宴饮、建筑人物、男耕女织等;反映神话故事的内容有伏羲、女娲、炎帝、黄帝、东王公、西王母、日中金乌、月中玉兔等,表示祥瑞吉

图 6-19　反映人间现实图景的汉画像石

图 6-20　反映仙境的汉画像石

祥的图案有青龙、白虎、朱雀、玄武、麒麟、九尾狐、二龙穿璧、十字穿环等。徐州汉画像石中的牛耕图、纺织图、九仕图、迎宾图、百戏图及 8 米长卷押囚图，堪称艺术珍品、镇馆之宝。

徐州汉画像石雕刻浑身有力、画风质朴简洁，具有很高的艺术欣赏价值。雕刻技法有阴线刻、浅浮雕两种。线刻细腻真切，有阴柔之丽，浮雕浑雄苍健，有阳刚之美。阴柔阳刚，体现了中国传统美的基本要素。徐州汉画像石的艺术特色是构图紧密、夸张得体、以形传神，表现出一定的创造性。

从以上的分析，我们可以看出汉画像石，特别是徐州的汉画像石的内容十分丰富，其中的人物、动物和器物的造型元素复杂多变，不利于归纳总结，因此本文将对徐州汉画像石的构图方式进行分析，力求能为今后的视觉传达设计提供一定的借鉴。对徐州汉画像石的构图方式进行的提炼(见图 6-21)。

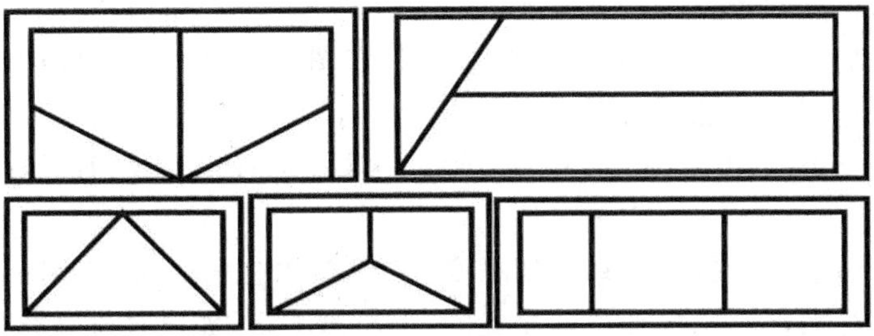

图 6-21 徐州汉画像石的构图方式提炼

6.4 徐州两汉文化视觉艺术设计特征的提升

徐州两汉文化视觉元素的主要特征,主要是以汉墓、汉画像石、汉兵马俑对徐州文化发展的影响出发,从汉墓的建造方式、汉画像石艺术表现形式、汉兵马俑艺术特点来寻找艺术设计规律。

徐州的汉墓主要分为西汉、东汉两个时期。西汉王陵墓的构造、形制特点是以横穴岩洞为主,多数独占一山头,建筑方法是先开凿露天墓门、墓道、甬道,然后再向山腹中深凿墓室。东汉时期彭城王的墓葬,与西汉时期楚王陵相比,风格迥异,一般是在平地或台地上竖穴起坟造墓,有较大的封土堆,与西汉楚王陵独霸山头的气势不可比拟。两汉时期还流行汉阙,并喜好用汉阙来装点宫殿、墓葬。汉阙主要是立于宫殿、墓前的仿木石制地面建筑,放在墓前是墓主身份的标志。按汉制,官秩在 2000 石以上者方能在墓前立阙。从形制上分有单阙和旁附子阙的子母阙两种,每种又有单檐和重檐的差别。重檐尊于单檐,子母阙尊于单阙。分台基、阙身、阙楼、屋顶 4 部分,台基、阙身上雕出柱、枋和栌斗,阙楼上雕楼面平坐木枋、花窗和挑檐斗栱,屋顶雕椽及瓦饰,都很真实。

汉画像石的题材概括起来内容分为人间和冥间 2 个部分,7 大类,即生产、生活、故事、神话、天文、符瑞、图案。

生产活动类画像有:农耕图、纺织图、冶铁图、造车图等;

社会活动类画像有:建筑图、燕居图、庖厨宴饮图、迎谒乐舞图、百戏六博图、狩猎图、车马出行图和秘戏图等;

历史故事画像有:三皇五帝、周公辅成王、孔子见老子、二桃杀三士、荆轲刺秦王、泗水捞鼎和鸿门宴等;

远古神话传说类画像有:伏羲女娲、东王公西王母、后羿射日、嫦娥奔月和羽人戏凤等；

天文星宿类画像有：青龙、白虎、朱雀、玄武、三足乌、北斗图等；

符瑞辟邪类画像有：凤凰图、飞龙图、神雀图、神鹰图、二龙穿壁图、蹶张图、龙虎鱼鸟拉车图和神仙出行图等；

图案装饰类画像有：龙纹、鸟纹、云纹、水纹、几何图形纹、垂幛纹、纺织纹和条形纹等。

汉兵马俑虽然没有秦兵马俑那样高大，但制作工艺先进。徐州汉兵马俑是用模子制作出来再经二次加工塑造成的，大小差不多，如果仔细观察就会发现其表情千姿百态，各不相同。其中有一个昂着头、张着嘴、仰着身子，仿佛是一位性格粗犷的勇士在情不自禁地号啕大哭，身边的两位一个探过头来，一个侧过脸来像是在安慰、劝说；有的则是低着头、皱着眉、嘴角向下撇，显出性格内向、默不作声的悲郁神情，这与整体庄严肃穆的军队主题是相吻合的。当然，当中也有轻松自若、活泼顽皮的青年士兵形象。总之，这些人的性格特征通过寥寥数笔便被刻画得细致入微、栩栩如生，被赋予了无限的生命力，站在这里看到的仿佛不是陶俑，而是一支活生生的队伍向你迎面走来，充分体现了汉代劳动人民高超杰出的制作工艺。秦兵马俑都和真人真马一样大小，工匠们可以比着实物做。而徐州汉兵马俑就不同了，因其小，就必须计算比例，要把 1.8 米高的真人缩小到 0.18 米。人的头、手、腿等部位也必须相应缩小，这就给在制作过程中增加了一定的难度。

高大壮观、写实主义秦兵马俑给人一种奔放雄浑的力量美。徐州汉兵马俑在继承了秦兵马俑风格的基础上加以发展，由写实转为写意，更侧重于人物的内心世界和精神风貌。以队伍前端的 3 个士兵为例，工匠师用不同的身材和面部塑造，表达出不同的年龄层次和心理活动。最右面的士兵虎背熊腰，稚气未脱，正是初出茅庐，血气方刚，急待建功立业的年轻士兵；中间这位弓着腰，眯着眼，看似一位经验丰富、久经沙场的老兵；左边是位老成持重的中年士兵形象。史书记载，汉代的兵役制度规定，18～55 年的成年男子，必须服两年兵役，这样队伍就会有不同年龄的士兵，可谓老、中、青三者的有机结合。每位汉兵马俑都是绘有鲜艳的色彩，朱红色、褐色、白色、蓝色、黑色，整体感觉未为壮观。

从徐州两汉文化视觉元素汉墓、汉画像石、汉兵马俑中，我们发现了其艺术设计特征，当时的艺术家具有极高的艺术审美能力。我们可以从徐州两汉文化艺术特征中找到其艺术设计规律，其制作工艺水平极高，构图美观、韵律感强、形式多样，有梳可跑马、密不透风、美观大方的美学审美价值；其题材多样，内容丰富，涵盖范围广泛，有很强的生活美，意境美；另外其造型美观、气势宏大，收放自如，写实形体准确，夸张表现得体，艺术技法娴熟，制作工艺、制作技术先进，色彩运用细腻、大胆，具有极强的艺术美感和强烈的艺术感染力。

徐州两汉文化视觉设计规律在构图、造型、表现形式、表现手法与现有视觉传达艺术设计的一般规律是相吻合的，对功能的运用上更加强调形式的表现，对美的向往是真挚的。可见，我国古代艺术家在当时具有先进的制作工艺、制作技术和较高的审美价值观。中国传统艺术的本质特征，是对民族传统生活和情感的视觉写照，是以规范的视觉语言参与对传统生活形式的创造。它由生活的适用方面臻入伦理、道德、审美与宗教诸方面，从而传递出设计图式与人生图式互动觉解的一贯思维。而现代视觉传达设计需要的是对作品的精益求精，设计的关键之处在于发现，只有不断通过深入的感受和体验才能做到。设计要让人感动，足够的细节本身就能感动人，图形创意本身能打动人，色彩品位能打动人，材料质地能打动人等，把设计的多种元素进行有机艺术化组合。另外现代视觉传达设计即要符合审美性又要具有实用性、替人设想、以人为本，强调的更多的是形式与功能的完美结合。

6.5 视觉传达元素的应用条件

视觉传达设计指在二维空间内的一切设计活动。视觉传达设计是一个系统工程，它涉及人、社会、环境等诸多方面。同时，它也是一门学科，涉及领域非常广泛，包括经济学、社会学、法学、哲学、艺术学、美学等。因此对视觉传达艺术设计规律的应用条件主要分为手段性、主观性、客观性、创造性、商业性，下面从5个方面进行分析。

手段性：艺术家心中的形象是要靠不同媒介表达的。艺术设计的核心是把大千世界人与人、人与社会、人与自然之间复杂的关系简化为简单的主客观互动关系，懂得化繁为简，方为真正的好设计。

主观性：视觉传达是设计师的一种主观性行为，设计师把他们感受到的东西作为题材，将自己的想法借视觉的方式表达出来，并且是以充满生命感觉的图像，来感染人们。设计师因此用图去说话，用视觉去传神。

客观性：设计师可以主观的设计，但这种设计不是任意的，它必须最大限度地去取悦读者，只有吸引了眼球才能带来经济效益。

创造性：设计不是模仿，设计的本质在于创造，精巧的构思，奇妙的创意是艺术设计的根本。艺术设计是一种需要在感性基础上归纳理性的设计方式。

商业性：视觉传达设计本身就是一种商业行为，其目的是获得商业成功，取得一定的经济效益。

6.6 从品牌传播看徐州两汉文化品牌推广

我们使用的语言叫汉语，书写的文字叫汉字，这些都与历史上汉王朝的强盛有关，而两汉文化是徐州成为国家历史文化名城的主要历史内涵。徐州处于齐鲁文化、中原文化、楚文化的交汇点，作为西汉、东汉、三国时曹魏和西晋等三朝封国的国都，长达500多年之久，是中国汉文化的发祥地，是汉高祖刘邦的故里。在历史上，徐州籍人士中涌现11位开国皇帝。西汉在徐州共传12代楚王，东汉传一代楚王、五代彭城王。两汉时期徐州人在经学、文学等方面均做出标志性成就。所以史学界有“明清看北京、隋唐看西安、两汉看徐州”之说。如果可以深入研究徐州的两汉文明，对于汉史的认知和理解绝不亚于拜读司马迁、班固、范晔的史学专著。徐州两汉文化底蕴深厚，有着极高的学术研究价值和得天独厚的商业发展资本。如何让徐州两汉文化品牌走向全国、走出国门，这就需要我们对品牌传播进行深入探讨和研究。一个成功品牌的发展壮大，离不开良好的传播手段。品牌的个性化、形象化传播在市场竞争中的影响越来越大，品牌的积极构建及广泛传播对大多数经营管理者来说迫在眉睫。如果要对徐州两汉文化品牌进行推广和商业化运作，必须了解市场、分析市场，研究品牌传播的市场发展规律，学会借鉴成功品牌的传播经验，从中汲取发展之道。通过对国内外品牌传播历史的研究，我们可以从地域性和延伸性两个方面来分析。

(1) 品牌传播的地域性。一个品牌的成长过程离不开地域性、民族性。从地方品牌成长为国内著名品牌，乃至国际性品牌，它的发展历程充满艰辛和智慧的拼搏，绝不是在主流媒体花巨资做广告就是著名品牌。地域性，即民族性、个性。“国际性和地域性这两个词条相互关联，相互对峙，又相互融合，相互渗透。地域，即指地方，本乡本土。”这里所讨论的地域性，是指区别于其他国家的，能代表本民族特征特色的事物与文化。影响品牌推广的地域性因素很多，主要有以下3点。

影响因素一：区域风俗习惯、区域色彩、区域生活习惯、历史文化积淀等。

影响因素二：气候、城市环境、生态环境、城市发展底蕴等。

影响因素三：城市人文、经济水平、管理水平、法制意识等。

对品牌推广来讲，影响因素三＞影响因素二＞影响因素一。

这说明在品牌推广中，影响品牌推广的地域性因素之间也是有所差异的。我国市场经济发展比较晚，人们市场意识淡薄，法制意识较弱，没有形成科学化、系统化、常效化的管理机制，模仿、仿冒、假冒等现象严重充斥市场，出现没有规则、没有特色的恶性竞争。大多数民族品牌在国际化挑战中纷纷下马，带来国内品牌民族性的缺失。而徐州地理位置虽然优越，但是长期以来城市的整体经济水平不高，对品牌的观念淡漠，经营管理模式落伍，城市现代化程度有待进一步提高。在这样的大背景之下，徐州两汉文化的深厚底蕴并没有能够借助品牌传播的优势得到迅猛发展。相反，徐州两汉文化品牌的社会认知面较窄，极大地浪费了这一经济和社会发展的有利文化资源。让我们以美国的宝洁(P&G)公司为例，看看如何发挥品牌的地域性优势。宝洁在亚洲进行品牌推广前进行了比较研究：日本消费者很精明，而中国消费者比较朴实。我国香港地区是城市社会，越南和泰国是农村社会。正因为这样，宝洁不得不根据亚洲消费者的差异修改品牌模型，为之量身定做。因此，徐州两汉文化在开发品牌时也要以两汉文化为主旨，有针对性的研究不同社会阶层的人群对徐州两汉文化特色元素的喜好性。从种种不同的偏好出发，以特色为抓手，吸引不同的人群，由小众到大众，不断拓展两汉文化品牌的受众空间。

(2) 品牌传播的延伸性。一个著名品牌的成长过程中，离不开品牌的延伸性。品牌延伸性离不开两种主要途径：一是纵向品牌延伸，即单一品牌、单一产品的推广；二是横向品牌延伸，即一个企业的不同品牌、不同产品的推广。纵向品牌延伸，如奥迪牌系列汽车，有奥迪 A4、A6、A8 等。奥迪汽车有限公司紧紧维系产品的品牌形象，不断在消费者中树立奥迪"精湛的汽车制造专家"形象，强化奥迪的高品质理念，从而增加其品牌的超高信誉度。横向品牌延伸，相对较复杂。继续以宝洁为例，作为目前世界上首屈一指的日用消费制造商和经销商，宝洁公司经营的 300 多个品牌在世界上 140 个国家和地区畅销。它所强调的不仅仅是全球性经营，而是要建立全球性品牌。对于横向品牌推广，宝洁相信自己是最佳的敌人。如果有人想要吃你的午餐，与其让别人吃，不如让自家人享用。宝洁在美国一共有 8 个不同的洗衣剂品牌，包含汰渍(Tide)——洗衣干净，请用汰渍；依若(Eva)——去除顽垢；起儿(Cheer)——衣服光亮；阿格西道尔(Oxydol)——洁白干净；波得(Bold)——洗净柔软；依芙玉史诺(lvorysnow)——柔软衣服；甘恩(Gain)——清晰亮丽；德瑞福特(Dreft)——保护婴儿肌肤。只要每个品牌是以给消费者提供好处为定位基础，宝洁都会放手让品牌们诚实竞争。宝洁宁愿让自己的品牌吃掉自己的品牌，因为这样做，最大的收获就是市场占有率，仍然属于宝洁公司。通过对奥迪和宝洁的研究分析，不难看出在品牌延伸性上，徐州的两汉文化品牌既要突出汉文化的鲜明特色，以此为主导，不断在纵向上进行品牌延伸；又要在汉文化的母品牌下，合理设置子品牌、子产品，持续丰富汉文化品牌的内涵，壮大汉文化品牌的家族成员，适应不同需求，做好横向延伸。

时至今日，市场日趋复杂，竞争压力不断加大，全球化经济逐渐实现一体化，经营环境中出现了多元品牌侵略性的品牌延伸和复杂的附属品牌结构等问题，一种新的模式正在逐步取代传统的品牌管理系统。我们称之为“品牌领导”。在品牌领域里，有一句话叫“品牌的一半是文化”，这意味着品牌传播只有发挥民族的优秀传统文化，才会具有民族文化的特点，消费者才更容易接纳品牌，品牌才能因此更具魅力。在这一点上，徐州有着突出的优势，可谓文化和品牌的完美结合。徐州古称彭城，有2500多年建城史、6000余年灿烂文化；帝尧时建大彭氏国，是江苏境内最早出现的城邑；夏禹治水时，把全国疆域分为九州，徐州即为九州之一。悠久的文明和灿烂的两汉文化无疑都是徐州本地商业创造品牌的宝贵资源。我们从国内外品牌发展的成功案例中可以看到，徐州两汉文化品牌的成功推广，需要充分利用两汉文化品牌的地域性和延伸性特点，以徐州两汉文化品牌的具体元素为载体，以徐州为中心，借助文化品牌，增强辐射，在以下3个方面多下功夫、下足功夫。

(1) 在品牌对内传播上。品牌自身形象的整合本身就是最高明的品牌传播，要充分考虑自身不同的传播载体特点，通过恰当设计达到良好的传播效果。我们可以以“汉代三绝”——汉兵马俑、汉墓、汉画像石为徐州两汉文化的代表元素；以张良地桥授书处、子房山、项羽的戏马台、范增墓、刘邦的拔剑泉、北洞山地下宫殿、龟山地下宫殿和拉犁山的地下宫殿等为徐州两汉文化的辅助特色；以樊哙狗肉、邳州泥人、新沂剪纸、铜山糖人、马市街饣它汤、小孩酥糖、羊方藏鱼、油条、苔干、牛蒡、地瓜干、沛公酒、房亭酒、邳州香蹄、丰县苹果、沛县冬桃、邳州银杏、睢宁粉皮、大王集香肠、山楂糕、小康牛肉酱等为徐州汉文化的附属品牌。这样既可以充分保持徐州两汉文化品牌的唯一性、特色性，同时也可以促进徐州两汉文化品牌之间的相互带动、相互促进、相互发展。

(2) 在品牌对外传播上。产品包装和广告是最为有效的品牌传播方式，但要依据不同的状况选择不同的包装形式和广告载体。徐州的两汉文化品牌必须打好文化牌，注重将传统文化融入具体产品形象包装上去，选择合适的品牌传播时机，采取平面、户外、电波、展览会等形式的广告媒体，以合理的搭配使徐州两汉文化的品牌形象迅速深入人心，并且要在管理、销售和服务等各环节上增加投入，将无形的文化价值转化为有形的品牌价值。

(3) 在品牌传播借鉴上。外来成功品牌的经营理念，可以为我们提供有用的借鉴。徐州的两汉文化品牌应该结合徐州本地特色，系统、科学地调整自己的品牌推广方向和发展目标，及时借鉴国际最先进的成功品牌经营理念，不仅让徐州的两汉文化品牌在国内独树一帜，更要让这一文化大品牌逐渐成长为国际性品牌，成为不断腾飞的徐州的又一标志。徐州两汉文化品牌作为中国的民族自有品牌，其发展之路还只是刚刚起步，但是其商业价值的广阔前景已经初露端倪。可以断言,徐州两汉文化品牌的推广价值必将伴随徐州的改革开放和经济的高速发展而不断提升。

6.6.1 文化产品设计

从文化产品的角度谈徐州两汉文化,必然会涉及徐州汉文化的内涵、徐州汉文化的影响力、徐州汉文化的对外开放 3 个层面来进行探讨。

(1) 徐州汉文化的内涵。徐州两汉文化是一个博大精深的文化体系,在中华民族 5000 年的文明史中,它汲取了各族文化的精髓,是民族发展的坚实基础。汉朝的建立结束了秦朝民不聊生的社会状态,政治、经济、文化等方面都有了长足的发展。政治上,实行三公九卿制,以察举制作为选举制度,倡导廉政爱民;经济上,丝绸之路成为联系东西方的桥梁,开拓了中外文化交流的局面;科学文化方面,司马迁的《史记》成为我国纪传文学的典范,汉乐府诗歌开创了五言诗的形式。两汉文化是在汉朝时期形成的一种新的文化类型,"无为而治"的治国政策稳定了汉朝社会的发展,"独尊儒术"刚柔并济的治国之道维护了汉朝的长治久安,"龙凤文化"的伟岸精神鼓舞着人们奋发向上。

(2) 徐州汉文化的影响力。由汉高祖刘邦奠基而发展起来的两汉文化,在中华民族的文化发展史甚至世界文化发展史上,都有重要的地位,产生了深远的影响。汉人、汉字、汉语等称谓都是在汉朝时形成的;汉武帝采纳董仲舒的建议"独尊儒术"和"孝"的思想受到统治阶级的推崇,"孝"也一直传承下来,成为中华民族的传统美德;近年来提出的"廉政"口号,也可以追溯至汉朝,汉朝统治前期就十分重视廉政制度建设,开创了一系列廉政制度,出现了祭遵、羊续、杨震等清正廉洁的清官典范,汉朝的由兴到亡也揭示了廉载兴、腐政息的道理。

(3) 徐州汉文化的对外开放。徐州的历史文化景区龟山汉墓、戏马台等向人们展示了两汉文化的深刻内涵。位于徐州狮子山麓的汉文化景区是徐州最具盛名的景区,包括楚王陵、汉兵马俑博物馆、汉画像石博物馆、竹林寺等景点。徐州每年举办汉文化国际旅游节,游客可以观看到汉代礼仪《汉宫盛典》以及汉朝舞乐的精彩表演。徐州也和其他城市一起设计了两汉旅游线路,如与连云港、淮安、宿迁的"江苏旅游新三角",咸阳—西安—徐州的"兵马俑之旅"等,这些线路的设计让更多人了解徐州和两汉文化。

6.6.2 徐州两汉文化的产品现状

现有徐州两汉文化产品:介绍两汉艺术的专著、电子产品、明信片;墓葬出土艺术品如玉器、青铜器的微缩仿制品;汉画像石拓片;以汉文化为表现形式的生活用品如文化衫;以两汉艺术品为元素的装饰品如台屏摆件等。我们可以从以下3个方面来了解徐州两汉目前的产品现状。

(1) 徐州两汉素材仿制品现状。汉朝遗留下来的艺术珍品，不仅具有极高的艺术价值，考古价值更是不可估量，以这些艺术品为原型而衍生的文化产品是现代人了解两汉历史的重要途径之一。两汉文化产品最常见的形式是将汉画像石上的故事情节、人物形象印制在产品上，以及兵马俑、玉器等艺术品的仿制品，这些产品最大的优点是它们能够直观地向游客展示汉朝的风俗习惯、历史故事等内容。例如，汉画像石拓片，目前展示这些拓片的主要形式是汉画像石拓片的装裱、汉画像石拓片印刷卷轴。车马出行图、舞乐图、农耕图等画面都清楚地表现在纸张上，这样的产品很容易让游客了解汉朝的生活。

(2) 徐州两汉文化产品的不足性。每座城市都在历史的长河中占有一席之地，拥有独特的自然和人文景观，也有与之呼应的文化产品，这些产品代表着对应的文化，也是城市印象的缩影。产品整体水平参差不齐，有的造型新颖、夺人眼球，但是也有一些质量低劣、以次充好，降低了游客对景区的整体印象。两汉文化产品中有许多产品形式相似，如表现汉画像石的产品多数是卷轴、装饰画，少有造型上的变化。徐州兵马俑是中国目前发现的3处大规模兵马俑之一，徐州目前表现汉兵马俑的产品仅以仿制品为主，色彩、造型上缺乏较强的吸引力，减弱了游客的求知兴致。

(3) 徐州两汉文化品牌形象重塑性。北京有故宫博物院的“故宫娃娃”系列文化产品，南京有夫子庙的“秦淮系列”文化产品，这些产品之所以能够快速进入并占领公众的视野，是因为它们形成了鲜明的品牌形象。品牌形象是品牌在市场上、在公众心中表现出的个性特征，具有独特性。文化产品的品牌形象可以增加城市知名度，拓展景区文化的影响力。徐州的汉文化产品目前还未形成明确的品牌形象，但是随着丰富的旅游资源和文化产业的快速发展，相信徐州文化产品的品牌形象很快会建立起来。

6.6.3 徐州两汉文化产品的延展性设计

徐州汉文化产品的原型基础是汉文化景区内出土的2000多年前的艺术珍品，这些艺术品种类众多，分为金器、银器、玉器、铜器、铁器、漆器、陶器等各类近2000种，总量数以万计，其中以金器、玉器制品最为精美，许多稀世珍宝甚至是国内首次发现。集中起来可以从两个方面展开延展性设计。

(1) 把金银器作为基础的延展性设计。古代金银器是财富的象征，是身份、地位、富贵等级的标志，并且蕴含极高的审美价值。金银因硬度适中，具有较强的延展性，并且色泽亮丽，不易变色，是制作工艺的优质材料。金银制品在商代时期出现，春秋战国时期已具备镶嵌工艺，到了汉朝，加工工艺逐渐发展成熟，金银的形制、色彩、纹饰都愈发精致玲珑。楚王陵出土的金带扣、金狮头、金鹈鹕等金饰品，不仅质地纯净，雕工也十分精美考究。从古至今，因精湛的技艺和精致的外形，金银器始终受到人们的青睐，虽然在现代金银器已不再是身份、地位的象征，但是仍然承载着人们的美好祝福和对未来的向往。除此之外，金银还代表着坚韧、表里如一、不畏压力的高尚品德。文化产品设计以“品格”为理念，品类以家居摆设品和个人随身品为主，家具摆设品类选择有灯具、相框、时钟，个人物品可分为钱包、卡包、钥匙扣、领带夹、手表、手机壳等。

(2) 把玉器作为基础的延展性设计。楚王陵出土玉器 200 多件，这批玉器被誉为“天工汉玉”，反映了汉朝发达的制玉业，代表了当时玉器制作的最高水平。其中最具代表性也最著名的装饰用玉是玉龙佩，它的造型为单体龙，身体腾卷成“S”形，S 形玉龙的外形也成为徐州博物馆的馆标。古语有“古之君子必佩玉，君子无故，玉不离身”，认为玉具有仁、义、礼、智、信、忠等品德，以象征君子之德，也有“温润如玉”的词句形容谦谦君子。在古代，玉器还代表至高无上的地位，只有具有一定身份地位的人才可佩戴玉。直到现代，玉仍然是君子的象征。玉以“谦厚”为设计理念，品类主要划分为文教用品和车载用品，文教用品可以选择的品类有钢笔、名片夹、鼠标、U 盘、笔记本、文具收纳，车载用品可选择挂饰、香水、防滑垫、纸巾盒等物品。

6.7 徐州两汉文化在现代设计中的应用

面对国外的各种艺术思潮对中国传统艺术带来的冲击，新思想、新观念不断涌现。如何认识徐州两汉艺术与现代艺术设计的关系，成为当下设计应认真研究的课题。如果完全背离传统艺术形式，一味模仿西方的现代艺术，唯西方现代艺术马首是瞻，简单地挪用西方现代艺术形式，将使我们的艺术丧失民族的个性。

从我国文化发展的历史经验来看，一个国家、一个民族文化的发展，要立于不败之地，就要勇于吸收，敢于继承，善于交融。无论是从我国早期华夏文化的形成直至达到两汉文化的高峰，无不表明，只有勇于吸收，才能发展，只有敢于继承、善于交融才能最终真正成为自己文化的主人。在艺术设计方面，我们应该“立足中华、面向世界”，既要尊重民族艺术的独特性，体现中华民族的审美心理，又要反映现代人的内在精神追求。在艺术设计中，我们也要“寻根”，寻找中华民族传统文化中为其他民族所不及的思维优势和独特风采。艺术始终要讲内在的延续，一种艺术形式的产生及被容纳，需要特定的历史文化背景，其中包括一个民族的生活方式、习俗、伦理道德、审美习惯等，构成潜在的深层文化结构，深锁于民族的心理和精神之中,调节和制约着民族文化的发展和外来文化的介入。在中国设计者的作品中,时时流露出传统艺术潜移默化的影响。分析这些影响,肯定某些积极的因素,将会有助于发展中国艺术设计。

6.7.1 在标志设计中的应用

两汉文化中的视觉元素已经符号化,而标志恰恰是一种有着特殊意义的视觉符号,其产生可以追随到远古时期的图腾崇拜。远古时期的女锅氏以蛇为图腾,夏禹祖先以熊为图腾,这种以本族图腾崇拜区别于其他族群的方式,体现了标志形成的根本目的。标志,在现代汉语词典中的解释是:表明事物特征的记号。它以单纯、显著、易识别的物象、图形或文字符号为直观语言,除表示什么、代替什么之外,还具有表达意义、情感和指令行动等作用。标志作为一种特殊的视觉语言,具有传达各种信息和行动的视觉作用,它传达性之强远远超过了文字,因此标志被广泛地应用于社会的各个方面,是人类直观相互联系的特殊方式,不仅在社会活动和生产活动中无处不在,而且存在于国家、社会集团以及个人之间。从公共场所的标志到工厂企业标志,从金融贸易标志到大会活动标志,从机关团体到个人,标志无处不在从各个角度发挥着宣传和交流的作用,推动着社会整体经济文化的进步。随着国际经济文化交流的日益频繁,标志本身的直观形象、不受语言约束等特性,在促进现代国际经济文化交流中发挥了重要的作用,是大众视觉传播的符号也是人类视觉传达最有效的手段之一。

现代标志是人类文明高容量的载体,是人类文化的缩影。中国自20世纪80年代来,优秀的标志设计层出不穷,民族的才是世界的,例如中国银行、中国工商银行、中国建设银行等标志的设计均采用中国传统视觉元素"铜钱";徐州博物馆的标志采用的是两汉文化中的"玉龙"。因此,传统性在标志设计中成为一种提高视觉享受、增强民族凝聚力、提升精神附加值的设计手法,是在人类文明演变中不断积累和浓缩的产物,更是人们精神和情感的归宿。在我国标志设计发展的过程中,传统元素一直以它久远的文化和视觉内涵深深地影响着标志设计。设计师韩美林说过:艺术要想取得成功,必须有根;这个根就是中华民族之根。有根的艺术才会枝繁叶茂,日益壮大;没有根的艺术最终不过是浮萍一叶,昙花一朵,经不起时间的淘洗。设计的本质在于不断创新,而创新并不意味着放弃传统。设计师陈汉民曾对现代标志设计提出3个基本点:中国风格、民族情感、时代审美,要把内容和形式结合,高雅和通俗结合,传统和现代结合,他认为作为一个中国的设计者去探索中国的设计之路,弘扬中国民族文化是自己的责任。他说:"我并不认同设计要与国际接轨的笼统说法,设计是文化,文化谈何国际接轨?比如平面设计领域,放眼世界很绮灿,原因就是各国、各民族将他们特有的文化融于其中。民族化不是将中国元素拿来装装样子，当作招牌来炫耀的，要更多地体现一种民族精神和民族的智慧。

自20世纪80年代以来，中国的艺术设计教育一直是对外了解的欲望要强于对本国文化的总结和挖掘，使得一些艺术人才到后来发现无法再上台阶，没有自己的创新。设计教育必须在传统的基础上进行。要学习传统、继承历史，同时要体现民族精神，包括伦理观、道德观、审美观和价值观，这是从骨子里渗透出来的精神，不能拿着叉子叉饺子，拿着筷子夹面包。中国的设计师有责任和义务去探索一条中国式的设计之路。一个国家和一个民族文化的发展要想立于不败之地，就必须要勇于吸收，敢于继承，善于交融，在设计方面也一样要立足中华而面向世界，既要尊重民族艺术的独特性又要反映现代人们所追求的精神文化性。英国著名抽象派雕塑家莫尔说过："一切原始艺术最突出的特点，是它们那种生气勃勃的活力。"2008年，北京奥运会上"中国印舞动的背景"成功展示了传统与现代结合所体现出来的中国精神和中国艺术文化根源，传统文化元素与现代标志设计结合的最具代表性的作品，标志以"中国印"和"舞动的北京"为设计元素，以印章作为主体的表现形式，我国古印章流行于古代，其古朴、稚拙的风貌体现着不同时代的人们对于美的理解与追求，浸透着历史的深沉和神秘的美感。标志中的人形是敦煌壁画中的舞姿，一个抽象舞动的舞者，舒展的笔画和简捷的构图，设计把中国文化，北京特点和奥林匹克精神等元素巧妙结合，将印章和书法等艺术形式与运动的特征相结合，经过夸张的设计变形手法，巧妙地幻化成一个向前奔跑、舞动迎接胜利的运动人形。充分表现了中国人的热情与豪迈，又仿佛看到一个满怀热情和希望、富有激情和活力的舞者，正在向给予他欢呼的人欢呼。"舞动的北京"这无疑给中国现代标志设计注射了催化剂，使得多年一直守望传统文化的设计者们如愿以偿，这不仅仅是中国设计对传统文化元素的一种继承，更是现代中国标志设计一种前所未有的升华。一个民族的传统文化如果不加以创新和变革，也就会渐渐失去其生命力，无法与当代社会相适应。创新的目的是使传统文化恢复活力和复苏，使之结合并具有现代特点，成为与当代社会相适应的文明智慧，生生不息，世代绵延。传统文化的内涵十分丰富，涉及的范围也相当宽泛，传统象征符号也是一座资源丰富的宝库。而正是这支永不枯竭的源流依然灌注和渗透在许多的现代艺术设计领域之中，标志设计就是其中之一。在当今商业文明的背景下，在标志设计中融入传统文化，不仅是本土文化的自我延续和完善，而且在世界信息交流方面也表现出极大的推动作用。同时，标志设计又促进了传统文化的传播，使各民族的传统文化符号相互交融，并且丰富了其文化内涵。只有在深入领悟传统的文化精髓并且充分认识来自现代西方的各种设计思潮的基础上融会贯通，才可能寻找到传统与现代的结合点，才可能更好地延续传统文化。

标志设计作为现代视觉传达系统的一个重要组成部分，是将具体的事物、事件、场景和抽象的精神、理念通过特殊的图形表达出来。使人们在看到标志的同时，自然而然产生联想，从而产生对品牌的认同感。在整个企业形象的传递过程中，因其出现频率高，应用广泛，易于被人们认知和记忆。许多著名的有创意的标志设计无不在简洁、明了的形式美中蕴含着一个企业、团体的民族文化底蕴和时代精神的内质，对一个企业和团体的发展有着不可低估的作用。

在标志设计中，徐州两汉文化艺术承袭了中国传统文化。有别于西方强调形象性、生动性的审美趣味，多不重“写实”重“传神”，在意境上追求“以意传神”的境界。它是具体的，又是抽象的；它是绘形的，又是入神的；它是确定的，又是未定的。作品的意趣具有多义性和模糊性的审美效果。近年来，将徐州两汉文化元素融合于现代标志设计，已经渐渐成为标志设计的趋势之一。

汉画像石是汉代人雕刻在墓室、祠堂四壁的装饰石刻壁画。它在内容上包括神话传说、典章制度、风土人情等各个方面，成为我国文化艺术中的杰出代表和文化艺术瑰宝。笔者根据徐州文化两汉视觉元素瓦当为设计元素，为徐州市兵马俑馆进行的标志设计，在设计过程中充分利用徐州两汉视觉元素，中心设计思想就是不仅要体现徐州两汉文化古城的文化底蕴，更要体现徐州市两汉兵马俑的历史性。在色彩上以黑色、咖啡色为标准色，给人一种历史感和历史的厚重感。在设计表现形式上采用中国毛笔的书写痕迹为基调，而毛笔也是中国视觉元素的代表性符号，加上徐州两汉文化视觉元素瓦当，就更加体现了徐州市兵马俑馆的历史沧桑感。表现形式中又蕴涵一种现代时尚元素，标志提炼简洁，艺术感染力强，使人过目难忘(见图 6-22)。

从新石器时代西安半坡的人面彩陶鱼纹盆到徐州两汉栩栩如生的画像石荆轲刺秦王，从青铜器上的饕餮纹样到造型简约的徐州两汉瓦当，这些图形，形态各异，古趣拙朴，是中华民族在各个不同时期社会生活的形象诠释，如实反映出了人们在不同时期的审美旨趣。许多为世界认同又具有鲜明民族特色和文化内涵的作品，都从传统图形中获得了灵感。

如何将徐州两汉文化融于现代标志的设计之中是我们要思考的问题，就像靳埭强先生所说：“我们不一定要画上京剧脸谱，穿上龙袍，才能让人认出是中国人。”要在充分理解徐州两汉文化的基础上延其“意”，传其“神”，让两汉文化在现代标志设计中得到更新和拓展，更可以借助标志本身所特有的持久性和广泛影响力，促进东西方文化之间的对话与互动。

图 6-22 徐州市兵马俑馆标志设计

6.7.2 在广告招贴设计中的应用

徐州两汉文化，其史之源长，其意之宏大，只怕穷尽一生，也无以运筹。不过，所幸其似乎又互融一体，或是大道永通，又或许学习国学犹如读经，多少先者皆言，读经当专精一经，一经通则诸经通，而文章、义理、考据三者，义理为首，义理精则文章精，经济之学亦在义理之中。要想深入认知两汉文化与广告间的融合或转化或应用或衍生，在此总是不宜的，也是无力驾作，而仅为泛说了。广告也是杂学，众人对其本是各执一端，本也是以为其大可分为设计、制作即艺术一端与经营、营销即经济一端的(见图 6-23)。

广告设计本是一种艺术创作，而以徐州两汉传统文化为广告设计的直接素材，在当前已并非少见了，或是书法，或是太极，或是各种宗教艺术等的应用，追求古韵、发掘传统是当前广告设计的一大手法，用之适当其效果也是显而易见的。但在此处仅想浅谈徐州两汉文化中的审美意境，以望对广告设计能有所裨益。广告是艺术，讲究审美，历来注重以虚实对应、拨墨留白等手法实现对意境的追求。意境是两汉文化的一个美学硕果。叶朗先生说："意境说早在唐代已经诞生，而其思想根源可以一直追溯至老子美学与庄子美学。"而说到意境自然要谈及"象"了。中国文明的产生之时就意味着古人对意境的追求。这一点从汉字上就可以有所端倪，字的造型本身就是个物的象化。而到商周之后，古人由自然而感悟矛盾的对立，出现阴阳学说，八卦的诞生本就是古人开始以简单的符号来表现自然与自我思想。阴阳而成八卦，乾天、坤地、震雷、巽风、坎水、离火、艮山、兑泽，符号即表现了事物也融入了古人的情感思想。到老庄之时，于有无之处又更是有所发展。而正式提出了意境之说的，应该是唐代之后，佛学的国化程度日

图 6-23　两汉文化在招贴设计中的应用

趋成熟之故。佛学中自是有意境所说的，而其意境与境界是同义而异称。《入楞伽经》有云："譬如巨海浪，斯由猛风起。洪波鼓冥壑，无有断绝时。藏识海常往，境界风所动。种种诸识浪，腾跃而转生。"当然，这还并非是我们所言的意境，而近于现在所言的意境最初是在王昌龄的《诗格》中首先提出的："诗有三境：一曰物境。欲为山水诗，则张泉石云峰之境，极丽绝秀者，神之于心。处身于境，视境于心，莹然掌中，然后用思，了然境像，故得形似。二曰情境。娱乐愁怨，皆张于意而处于身，然后驰思，深得其情。三曰意境，亦张之于意，而思之于心，则得其真矣。"然而，这之中蕴藏着徐州两汉文化的思想。及至其后的上千年，又以禅宗的发展，而似乎总使得国人以禅意为一种意境了。在中国，诗词与书法、绘画总是一体的，意境的影响就很广泛。泛论意境本意，是希望有益于我们在招贴设计中对意境的理解与把握（见图 6-24）。

徐州两汉传统文化在广告中的应用，也是渐为人所重视的。广告可以说是一门经营学问，直接以推广两汉传统文化为其主营的也渐已出现，其中就有文物古迹的营运推广（见图 6-25），传统文化与现代文化的融合经营。两汉传统文化中的辩证哲学思想对广告中的营销一端有指导作用。两汉传统文化似乎总是个混沌状态，一种学说思想大多杂合着史、政、文、哲等。而近年来，以两汉传统文化作为经营管理思想的越发盛行，如儒家管理、法家管理、兵家管理等；而在营销

图 6-24　汉兵马俑在广告招贴中的应用

方面，有人提出以孙子兵法指导市场营销，以商场为战场，以市场推广为攻城掳地，用之得当确也是无往不利了。不论是哪种思想指导市场营销，都能认识到事物矛盾的两面性，对立与统一。产品营销大体可分为4个阶段，引入期、成长期、成熟期、衰退期。在产品引入期及其之前，我们无中生有。《老子》言："有无相生，难易相成，长短相形，高下相倾。"营销中，总是不断细分市场，寻找市场空白，发现了无，而以创造有，有时还需引导消费，创造新型的消费观念，这都将使得产品营销事半而功倍，都是有无之辩。在成长期时，以小搏大，以弱胜强。外似柔弱，内则刚强，处于成长，面对强敌，自是不宜强抗，占有市场，犹如于水，遇山石而绕之，以缓缓之势而实现全面扩张。以弱胜强，以少胜多在史上是司空见惯的。在成熟期，居安思危。人无远虑，必有近忧。面对节节胜利，看似稳居钓台，而当虑及市场隐伏的危机，福兮祸之所倚，祸兮福之所伏，月盈则亏，只有处处谨慎，事先发现各种弊端，预先采取防范措施，才能长居久安。然而，有着新生，自然有着衰亡，产品同样有着自身的寿命，生死向来不可强求。衰退期，当急流勇退，借残余之势，再创新生。死亡总是不可避免，认识到这一点，对市场不可过于留念，而当及时全身而退，集聚资金，以开拓另一全新市场，以新生代替旧亡。其实，市场营销中一切辩证法的应用，都不过是一个"变"字，《易经》有云："动静有常，刚柔断矣；方以类聚，物以群分，吉凶生矣；在天成像，在地成形，变化见矣。

是故刚柔相摩，八卦相荡。”身为广告人在经营中当审时度势，知道而通变。

图 6-25　采用两汉视觉元素设计的平面设计作品

两汉传统文化博大精深，而将其应用于广告之中也是拓展广告的自身学说。广告学作为一门西学传入中国，在西方有着相当的研究。在此之时，我们也当认识中西文化的差异，以西学之长补国学之短。

6.7.3　在包装设计中的应用

现代包装艺术设计的发展，在于有“根”。这个根就是中华民族之根，其中徐州两汉文化是最具有代表性的艺术形式之一。它经历了几千年历史的积淀，深植于每个中华儿女的心中，不管我们承认与否，它都在潜移默化地影响着我们的审美观、创作观。有根的艺术才能够枝繁叶茂、日益强大，而艺术的根，是扎根在多姿多彩的生活当中的，扎根在我们本民族几千年来的优秀民族文化当中的。因而，生活和民族性是艺术创作的两个不可缺少的必要因素。

现代包装艺术设计，是文化艺术与科学技术结合的产物，而艺术与科技，又同属于广义的文化范畴。文化是人类社会历史实践过程中所创造的物质文明与精神文明的总和，具有不可逆转的传承性。我们可以说，任何传统文化，都必然对艺术与科技的发展产生非常深刻的影响，并且通过艺术与科技，或者直接，或者间接，都对现代设计产生连带的巨大影响(见图 6-26)。

民族的形成要经过漫长与曲折的历史发展过程，在这一进程的不同阶段上，民族文化分别表现出一系列的时代性特征。只要我们承认包装艺术设计文化的承接性和发展性，就有包装艺术设计文化的时代性存在。这是因为包装艺术设计文化首先是一个历史发展的过程，是该民族各个时代的设计文化的聚合与承

图 6-26　将两汉文化与包装设计结合

接，是以该时代的现实的物质社会为基础，是传统设计文化的积淀和不断扬弃的对立统一、历史性与现实性的对立统一。

包装艺术设计文化时代性，主要反映在包装艺术设计文化的精神和物质层面上。设计是紧随时代、重在观念的。在经济全球化、科技迅猛发展的今天，社会主观形式都已发生根本的改变，尤其是信息的广泛、高速传播，开放的观念激荡愈趋激烈，社会结构与价值观念、审美观念等的多元化，人与人交往的频繁，社会及人们的要求不断增加，工业文明的异化所带来的能源、环境和生态的危机。面对这一切我们是否能适应它、利用它，使包装艺术设计成为该时代的产物，这已成为当今设计者的重要任务。

包装艺术设计文化的民族性涉及文化的传播学。正因为全世界的文化不是来自于同一源头，当然就有了民族性的问题。世界上每一个民族，由于不同的自然条件和社会条件的制约，形成与其他民族不同的语言、习惯、道德、思维、价值和审美观念，因而也就必然形成与众不同的民族文化。包装艺术设计文化的民族性，主要表现在包装艺术设计文化结构的观念层面上，反映了整个民族的心理共性。不同的民族、不同的环境造成不同的文化观念，直接或间接地表现在自己的设计活动和作品中。

徐州两汉艺术不重“写实”重“传神”，不重“再现”重“表现”，追求的是意境，强调的是神似，追求抽象的形式美，强调对事物本质的揭示，以“神”达“意”，讲究“离形取意，得意而忘形”。中国京剧中没有复杂的舞台布置，除了简单的一桌一椅，别无他物，可以表现厅堂、书房、金殿，也可以做床、做山，桌椅具体指什么，要看演员的表演，用简洁，概括的形式来表现象征事物。再如两汉时期瓦当图案，寥寥几笔，便可将事物表现得淋漓尽致。齐白石提出：“作画，妙在似与不似之间。”他所主张的“不似正是为了似”，是为了追求更高层次的“神似”而进行的概括与取舍。中国画中讲求“借物抒情”，画梅、兰、竹、菊，不是单单为了表现自然景物，而是来借喻君子的气节，以具体的形象表现虚无的感受，以“不似之似”“脱形写神”，为艺术追求的更高境界。在包装设计的器形设计中，怎样摆脱自然形象的束缚，以概括简练的造型来表现形式之美。如香水瓶优美的曲线，可以让我们联想到女性的柔美，体现浪漫与温馨。光滑而挺拔的饮料瓶设计，给人以运动与速度的联想，这都与传统艺术中的舍“形”而取“神”有着相通之处(见图 6-27)。

徐州两汉之所以历经千年而不衰，正是由于在传统造型的背后所呈现的美好寓意，形式上受儒、道思想的影响，追求“丰富、丰满之美”“空灵脱俗之美”“天人合一”的境界，并讲求“图必有意，意必吉祥”。如汉代的瓦当，所体现的灵动、飞腾、旋舞之美，盛唐的花鸟纹饰所呈现的华贵、丰腴、充实之美，象征着旺盛的生命力、蓬勃的朝气，是社会自信、开放、繁荣的体现。传统图形把自然景物人格化、理想化，运用诗意的联想，用想象来弥补现实的不足，“龙凤呈祥”“鸳鸯戏水”来比喻美好姻缘，幸福和睦。“祥云”“如意”，象征平安的竹子、多子多孙的石榴、富贵的牡丹、吉祥的象，喜鹊站在梅梢便是喜上眉梢，莲与鱼在一起便是连年有余，这些“形”与“意”结合，“情”与“理”交融的图形，正是民族心理与民族情感的再现。对于美好事物的向往，对圆满团圆的追求，也是现代人的意志所在。在包装设计中，特别是礼品包装中，美的寓意，祥和的祈福，会为包装设计增加文化的厚重感和民族文化的亲切感。

徐州两汉传统文化讲求平衡和内在的规律，讲求人与自然的和谐统一，如中国的国画艺术中有所为“疏可跑马、密不透风”，强调变化中的均衡，是一种生动的、有韵律和节奏的审美感觉。再如中国古建筑中，故宫建筑群的中轴对称形式，所体现出的对称的庄严之美。宫殿的建筑中“礼”的观念运用，以 9∶5 的长宽比来象征天子之居“九五之尊”，运用到城市规划设计中“匠人营国，方九里，旁

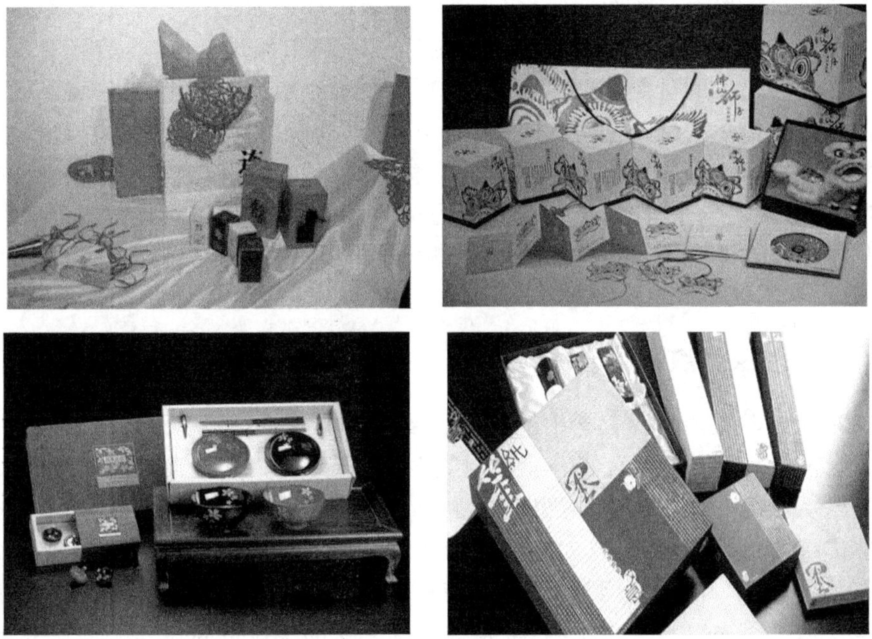

图 6-27　具有两汉艺术意味的包装设计

五门，国中九经九纬，经涂九轨，左祖右社，面朝后市”，体现出皇权的至高无上，从形式上体现了比例之美。这些都与现代设计理论中变化与统一的形式美法则有着相通之处，如对称、均衡、比例、分割、聚散、韵律等，同样也是包装设计中形式美体现的很好参考(见图 6-28)。

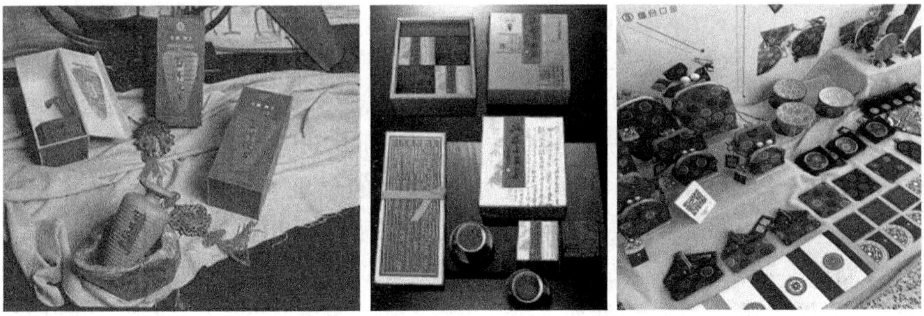

图 6-28　采用徐州两汉汉罐元素的包装设计

古今结合，以今为主；源流结合，以源为主。因此，包装设计应从徐州两汉传统文化中汲取营养，发扬民族文化。这绝不是一种复古主义，不是一种狭隘的、片面对传统的照搬。传承,并不仅仅指在包装设计中加上几个传统纹样,也不是运用书法字体或加上几个传统符号。这样的理解未免过于肤浅,应该对本民族的文化做深层次的理解,把握其精神,将其内涵化为修养,然后在包装设计中自然流露。在传承的基础上,更要求发展与超越,积极学习利用国外的新技术、新材料、新工艺,多借鉴国外的一些设计理念,留心国际流行趋势,用民族文化作为精髓,从形式上寻求升华,形成与国际的对话与交流,创作出既有传统中国特色,又具有时代感的包装设计作品,用传统性与国人对话,用独特性屹立于世界设计舞台。

6.7.4 在服装与服饰设计中的应用

笔者在课堂的实践教学中就现代服装设计中如何应用中国传统服饰元素进行了尝试。特别是近两年的毕业设计题材,召开专门的毕业设计课题专题会,引导学生从传统文化中去寻找灵感,借鉴元素。作为徐州的在校大学生,不进行地方性传统文化设计性研究,就是在暴殄天物。徐州两汉文化传统视觉元素是座宝库,我们要学习,要传承和发展。期间专门让毕业生创作要找准立足点,组织学生参加了很多以承袭中华韵味、发扬传统文化的服装创新比赛。例如每年"真维斯"杯服装与服饰设计创新设计大赛、"中华杯"杯服装设计大赛等。从指导学生的参赛作品来看,大部分学生能够紧扣两汉视觉元素这一主题,并做出进一步的创新。但学生对"两汉视觉元素"的理解过于肤浅,认为两汉传统服饰元素只是龙凤纹样、中国刺绣、中国结、盘花扣等。学生缺少对传统文化的认知感,对传统文化的缺失导致一些参赛选手对民族元素的把握过于单一,在具体的系列设计中,只是一味地采用"加法原则",把所有想到的能体现"中华精神"的元素叠加在一起,在一件服装上,盘扣、丝绸、对门襟、团花、立领,让人眼花缭乱,分不清主次关系。还有的在一些主题性的服装大赛中,在应用设计元素时过于具象,直接将秦俑、竹简、古陶、青铜、故宫等元素体现在服装上。虽然这样的设计在舞台上确实有一定的效果,但是却并未引起共鸣。因为没有把设计元素的精髓提炼出来,没有进行重新整合和重组,只是把一些具体的形象直接搬用在服装上,设计显得太舞台化、太程式化,致使整个服装设计作品呆板、不生动、缺少灵性。

我们培养的学生如果仅仅依靠课堂书本知识,知识面就窄,而课后求知欲望单薄,又不愿课余时间展开调研工作。高校为提高学生的设计水平,可教育思想、观念、教材、课程设置、作品、毕业设计等方面,加大中国传统文化意识和情感的教育,在人才培养方案、教学大纲的编制中以明确的课程来加强关于中国传统文化方面的教育,系统地向学生输入有关中国文化的基础知识、基本概念,强调培养学生的中国文化意识和深厚的中国文化感情,例如中国哲学史、中国艺术史、中国文化史、中国服装史、少数民族服饰史、中国服装服饰美学等课程。开设具体的设计、打板、工艺和品牌推广课程的设置,例如中国服装设计基础、汉民族服装特点和设计、汉民族服装的打板和制作、历代服装特点研究和现代设计、中式装饰手法原理和设计运用、民族风格服装品牌的规划和推广、民族风格服装融入国际市场之实战研究。注重学生的中国传统服饰工艺训练,从而加强传统服饰具体的、细化的技术上的认识。在教育中开展一些传统文化报告,邀请知名学者、专家作关于中国传统文化方面的报告,使学生了解内容丰富多彩的传统文化。在学生的四年求学阶段引导他们参加大学生实践创新,实践性的锻炼对学生的成长非常有利。

传统文化应用的前提是对两汉文化的认知度,对两汉文化视觉艺术元素的掌握程度。这几年来笔者对大学生实践创新项目的选题方向上进行了引导,设计项目取得了省部级项目 11 项;指导的本科生的毕业设计工作,在设计前进行相关徐州两汉文化知识引导,以新中式为研究方向展开设计研究,也收获颇多。徐州两汉文化视觉元素的应用不仅仅是照搬照抄,理解才能做到融会贯通。在运用上要根据面料、色彩和款式进行创作,把握主题思想,才能够做到有的放矢。

6.8 结语

从传承和发展的角度来分析两汉文化,本文对徐州两汉视觉元素特征进行了整理和归结,并从其视觉艺术特征中找到支撑点,进行了归类分析和视觉提炼。通过对从徐州两汉文化的视觉设计特征,与现有的视觉传达艺术设计的一般规律进行对比分析,从中我们看到徐州两汉文化视觉特征与现有的视觉传达艺术设计的一般规律之间具有相同点和吻合性。从历史情况来看,不同点就在于,当时中国处在封建社会的发展时期,艺术设计服务于商业的性质相对较弱。但是对徐州两汉视觉元素的归结与提炼,为我们更好地借鉴其视觉艺术特征提供了有力依据。

7 设计实例

7.1 对设计作品中徐州两汉文化视觉元素的分析

徐州两汉文化艺术中的传统符号是一种观念性的符号，蕴含着中国传统文化映射下的造型观念和审美意识，这种观念是中国传统文化所特有的，反映的是中国历史传承的人文思想，体现的是构成方式的传承性。对中国两汉文化艺术的传承性上主要采取 3 种借鉴形式：第一种是对徐州两汉文化视觉形的借用，如形的借代、形的关联、具体图像语言的使用；第二种就是对徐州两汉文化艺术意的延伸，如对徐州两汉文化视觉传统符号意义的延伸与新的形象的产生，徐州两汉文化艺术传统符号的意义在现代设计中的变异；第三种是对徐州两汉文化视觉艺术神的传承，如以形写神、离形得意、形神一体。

徐州复兴南路跨古黄河汉桥（见图 7-1），就是采用两汉时期流行的仿汉阙建筑结构建造。汉阙就是汉碑，它是我国现存地面上时代最早、保存最完整的仿木结构石质建筑。

图 7-1 徐州复兴南路跨古黄河汉桥

在汉墓前和汉墓内大部分有大小汉阙，现存极少。徐州复兴南路跨古黄河汉桥就是采用仿汉阙设计建造的大型建筑，造型雄伟、气势磅礴，采用现代设计理念，阙身造型直接无雕饰，阙顶上的柱、枋、斗拱、椽子、瓦等木建筑的构件设计简洁，对原汉阙造型进行了大胆创新，兼顾了功能与形式美，上能观望，下能过人，四角上挑，线条简练，几何纹饰装饰。此汉阙设计主要是借鉴徐州汉画像石图形中的样式建造的。整个汉桥横跨南北，长达 1500 多米，大桥两侧共设计建造了 4 组汉阙，每一组汉阙均为单阙与子母阙连体建造，汉桥处于徐州迎宾大道南入口，寓意着历史悠久的两汉名城徐州欢迎四方来宾(见图 7-2)。

图 7-2　徐州两汉视觉元素的应用

徐州两汉文化的视觉元素中的汉四喜瓦当(汉四神瓦当)在现代设计中的运用比较广泛(见图 7-3)，它不仅是美的艺术元素，而且被赋予新的文化历史内涵，同时也被看作中国古代艺术美的艺术语言和艺术符号，被广泛运用到不同的领域，代表不同的角色。颇为好古的王莽当时特以四喜瓦当装饰其宗庙，祈望以此驱邪镇宅，保佑宗庙乃至社稷江山永固，后被广泛使用。汉四喜瓦当包括 4 种动物即青龙、白虎、朱雀、玄武，由这几种动物组合成的一组图案，又称“四灵纹”、“四神纹”。四神纹在汉代应用极为流行，铜镜、漆器、石刻、砖瓦等各种工艺品的装饰上都时有出现。汉代将四神视作与避邪求福有关，又表示季节和方位。青龙的方位是东，代表春季；白虎的方位是西，代表秋季；朱雀的方位是南，代表夏季；玄武的方位是北，代表冬季。曹植的《神龟赋》中说：“嘉四灵之建德，各潜位乎一方，苍龙虬于东岳，白虎啸于西冈，玄武集于寒门，朱雀栖于南方。”这 4 种动物中，玄武比较奇异，它是龟和蛇的合体。“玄武谓龟蛇，位在北方故曰玄，身有鳞甲故曰武”。有人解释，这与古代图腾信仰有关，是氏族外婚制的反映，在现代设计中被认为是中国古代传统美的符号。其他两汉视觉图形运用见图 7-4 至图 7-5。

图 7-3　汉四喜瓦当的图形运用

图 7-4　汉兵马俑的图形运用

图 7-5　徐州两汉视觉元素的图形运用

7.2　设计实例

前面对徐州两汉具有代表性的视觉艺术元素进行了归类分析，已将各艺术的视觉元素进行了提炼与概括。下面，笔者尝试性地将这些视觉元素借用到一些设计实例中，具体设计效果如下。

设计实例一：

根据徐州两汉视觉元素瓦当为新坐标设计公司进行标志设计(见图 7-6),考虑到公司的定位和发展方向从内涵上结合瓦当的特殊形状,在充分运用瓦当形和意的基础上,联想到新坐标设计公司远大的发展志向,进行标志设计。本标志中的圆为世界,表示目标远大,飞转的箭头为设计理念超前。整个标志简洁明快,时尚稳健,寓意着新坐标设计公司具有放眼全球、领先世界的雄心壮志。

图 7-6 设计作品

设计实例二:

本设计是为国际第四届汉文化旅游节设计的招贴海报(见图 7-7)。在招贴海报的设计过程中,充分利用提炼出的徐州两汉艺术元素汉罐的外形,整个海报简洁明了,外观时尚,内涵深刻,充分体现了国际第四届汉文化旅游节的特点及活动内容。

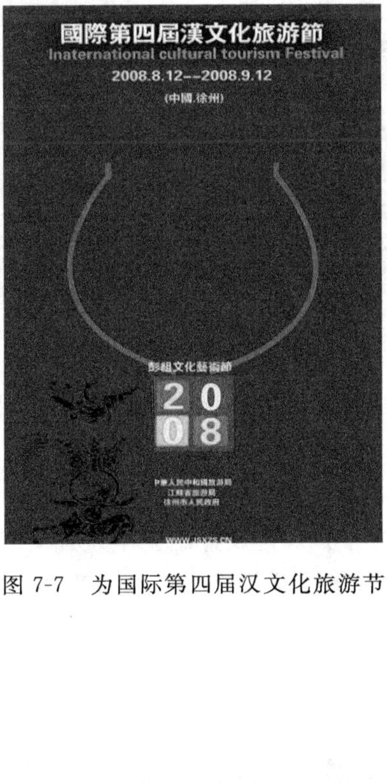

图 7-7 为国际第四届汉文化旅游节

在色彩上，采用暗红色为背景颜色，突出两汉文化深厚的底蕴，彰显一定的中国特色；汉罐的抽象提炼形态置于画面中央位置，稳重大气，简洁生动亦不失现代美感，拥有较强的艺术设计感染力。

画面左下侧衬以汉画像石中的民间杂耍装饰纹样，进一步烘托旅游节欢快、热闹、轻松、祥和的气氛。

设计实例三：

根据对徐州两汉文化艺术中汉阙的视觉元素提炼，图 7-8 的招贴海报应运而生。在设计时通过前期的调研和准备，把握活动的性质和活动宗旨，力求立意高远、凸显学术性的特点。该海报的主题是全国第四届两汉文化高层论坛。由于是高层论坛，于是便联想到汉阙。因为汉阙在两汉时期是代表地位和身份的象征，这便很好地契合了高层论坛的意义。该招贴海报主体图形为汉阙的俯视提炼图，由 3 个层叠的正方形透视上下排列构成，具有简洁的美感，稳重与优雅兼具。

图 7-8　全国第四届两汉文化高层论坛进行设计的招贴海报

设计实例四：

根据现存徐州两汉建筑汉阙的艺术风格，放大建筑局部特征，寻找特点、抓住关键元素，从建筑一角的摄影图片设计出“传统”海报招贴作品（见图 7-9），主要从外观造型不同角度进行分解再设计。整个设计平稳、简洁，给人一种古色古香的感觉，唤起了人们对徐州两汉传统文化的兴趣，同时也反映出徐州两汉文化博大精深、底蕴深厚。

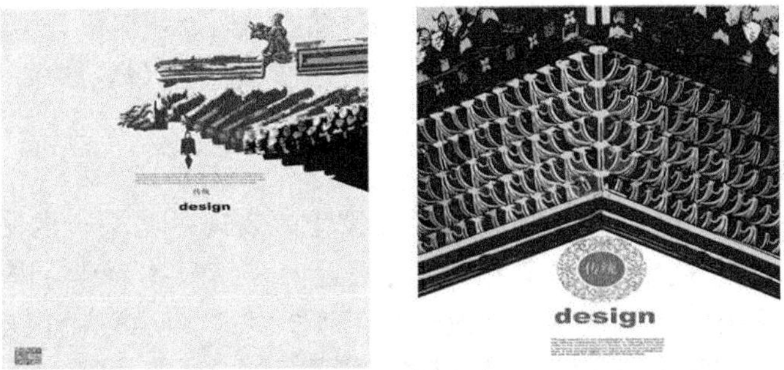

图 7-9 根据两汉文化中“形”设计的艺术招贴作品

设计实例五：

在现实生活中，我们倡导和谐。本设计通过意象中的两汉时期的棋盘进行创意设计(见图 7-10)，体现了“和谐”的宗旨。画面中采用了地球与火星的外观图形设计。地球又被称为水球，而火星代表着地球的对立面“火”。两者水火不容的态势就像是象棋中楚汉双方的厮杀，从另一个方面也体现出两汉文化的含义。

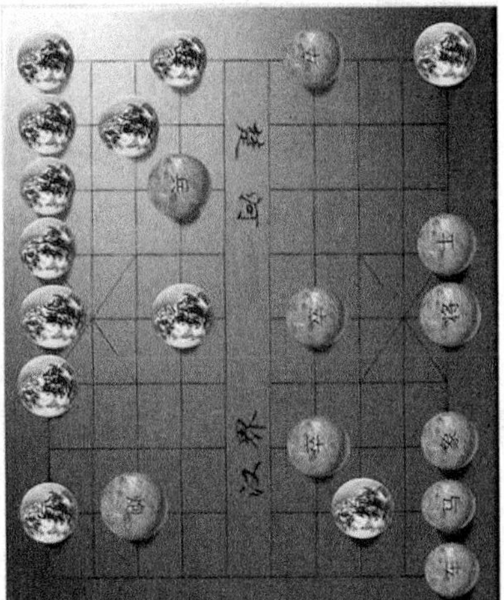

图 7-10 根据两汉文化中“意”设计的艺术招贴作品

中国传统符号作为一种文化载体，由于文化自身的历史传承性，不可避免地会进入现代社会新的环境空间，它所承载的观念，已成为现代设计语义表达的一种重要手段。正因为如此，世界上许多国家不约而同地将传统素材融入现代设计当中，以塑造各自民族风格，确立自己在国际上的地位。上面几幅招贴设计就是充分利用徐州两汉文化传统艺术元素进行的招贴设计作品，设计大胆，立意新奇，充分利用了徐州两汉文化传统艺术元素符号，瓦当、汉阙、建筑、汉画像石等，折射出民族设计风格。

设计实例六：

根据徐州两汉文化视觉语境，采用现代化的表现手法进行的服饰系列设计作品，从传统中找寻艺术美，"新中式"也是近两年指导本科学生毕业设计的方向，整个设计采用的风格能够很好地诠释了"新中式"(见图 7-11 至图 7-14)。

图 7-11　指导毕业生根据两汉服饰设计的服装

图 7-12　指导毕业生根据两汉剪纸设计的服饰

图 7-13　指导毕业生根据汉画像石设计的服饰

图 7-14　指导毕业生根据两汉漆器设计的服饰

8 结　论

本书从7个章节对主体进行了科学的分析，创造性地论述了两汉文化视觉的语境，从视觉元素的视角重新定义和解读徐州两汉文化。全面而深入地分析了徐州两汉文化视觉语境深层次、多层面、多维度的认知深度，科学概括和提炼了两汉视觉元素，采用旁征博引、艺工结合、创意与技术应用并重的研究思路，做到了传统与现代在衔接上无缝隙、在继承和创新上有突破、在理论和应用上有创新点。概括起来可以用“四化”来深度概况。

“眼化”：做好对传统文化和现代艺术设计的概括总结，一句话“读万卷书，行万里路”。直观上来讲，就是对徐州两汉文化多去“读”，从“读”积累经验，目睹万千世界感知普遍规律。

“脑化”：“学而不思则罔”是孔子的治学观，如果“入眼”的东西不“入脑”，自始至终也就是一堆杂乱无章的文字和图像。入脑就是要求把各种“入眼”的信息去伪存真、去丑存美、去粗存精、去繁存简，经过这个过程，才能真正摸索到徐州两汉文化视觉艺术事物的本质和规律。

“心化”：知晓事物的本质和规律后，藏之于脑，学以致用，即得到知识后，应用心琢磨如何使用，只有使用，才能由现象变成规律。

“笔化”：视觉艺术的魅力在于直观的显现，把眼中、脑中、心中的感悟思考客观、系统、创新地谋篇布局，以区别于他人的新颖艺术表现方式再次呈现出来。谋局布篇的关键是对徐州两汉文化视觉语境的理解、总结、应用。

通过调研梳理徐州两汉文化视觉的历史与发展，解读和分析徐州两汉文化民族元素中的艺术性，及其在视觉艺术设计实践中的表现形式、应用规律和设计方法，探索出在现代艺术设计及工艺技术中应用民族元素的规律和方法。得出的主要结论如下：

(1) 研究徐州两汉文化视觉艺术的发展历史，总结了徐州两汉文化视觉元素，传统色彩按照“阴阳五行”的色彩运用规律，按照“十二章花纹”、“八吉祥纹”为基础的图形应用规律，遵循“均衡和谐精神”中国传统审美价值的构图原则，总结出构成民族地域文化传统的语境和语意——民族传统图形元素的符号性特征，民族传统图案的符号性寓意的四种表现方式和民族元素的深层次寓意和指代性的表现方式，提炼出中国图案纹样特征注重写意和情感的表达，重视自然题材和吉祥祈福为出发点、体现身份特征为中心的应用指导思想。

(2) 为体现出徐州两汉文化视觉民族元素内在的民族传统思想、文化内涵和艺术特性，民族元素在徐州两汉文化艺术设计具体实践时需要注意以下表现方法，主要包括具象与抽象结合的图案表现方法，分析出适合表现徐州两汉文化传统图形的应用技法。

(3) 研究出徐州两汉文化在现代社会中的推广途径，主要是对徐州两汉文化的推广、徐州两汉文化出土文物的推广与徐州两汉文化衍生品的推广等。

(4) 遵循前文总结的应用方法，把徐州两汉文化视觉元素在标志设计中的应用、在招贴设计中的应用、在包装设计中的应用、在服装设计中的应用等，并以实际案例进行实践应用和实践分析，从美学欣赏到美学实践应用取得了应有的效果。设计实践结果表明，本文提出的徐州两汉文化视觉语境研究的方法在现代艺术设计中是可行的，并取得了良好效果，可以在国内进行广泛应用和艺术推广。

在现代艺术设计作品中，要注重加强对中国文化历史的了解和对中国传统文化意识形态的解读。在多元化的今天，设计师们在理解的基础上，创造了许多优秀作品，说明只有对民族传统文化理解到位，消化吸收，才能做到融会贯通。但是也出现了作品抄袭严重、借鉴方式简单、对传统文化知识理解不够等现象。如现在很多设计师和在校的艺术设计类大学生，在进行视觉艺术设计时盲目设计，对民族的古老文化了解甚少，往往对需要设计的主题把握不准，意义狭隘，断章取义。只是取形，往往闹出笑话。徐州古彭广场西侧的大楼曾醒目地安放了一幅巨型楼盘广告招贴，因该楼市的建造位置位于徐州市汉文化景区，开发商为体现文化底蕴，在广告中选用了兵马俑形象，但是却忽视了秦汉汉兵马俑造型的差异，秦兵马俑的形象跃然纸上，让人哭笑不得。可见设计师对中国传统文化不了解，对徐州两汉文化视觉元素更是知之甚少。缺少对传统文化的认知，并且盲目自大，这种对中国传统文化无知的漠视，让人无奈。作为中国现代视觉传达设计的设计师一定要了解中国民族传统历史文化知识。

中国传统艺术源远流长，发展到今天已有几千年的历史是人类共同的宝贵财富。早在文字诞生之前，先民就开始使用图形来传达思想与沟通感情。新石器时代的彩陶纹与刻绘在崖壁上的岩石刻，不仅记载了先民对自然的理解与期盼，同时也成为人类最早的图形艺术。中国的图形艺术起源早，发展虽然时快时慢，但从未中断。如商代青铜器上的饕餮图形，春秋战国时期的蝌蚪文、梅花篆，汉代漆器上的凤形、汉画像石图案、唐代的宝相花纹以及后来出现的金文形态等。中国传统图形资源是极为丰富的，它们在自己的发展和演变中，既有一以贯之的脉络，又有多姿多彩的风貌，以多样而又统一的格调，显示出独特、深厚并富有魅力的民族传统和民族精神。这些图形随着时间的推移、历史的发展而不断沉淀、延伸、衍变，从而形成中国特有的传统艺术体系，凝聚了中华民族几千年的智慧精华，体现出了华夏民族所特有的艺术精神。

许多为世界认同又具有鲜明民族特色和文化内涵的作品，都从传统图形中获得了灵感。设计要让人感动，足够的细节本身就能感动人，图形创意本身能打动人，色彩品位能打动人，材料质地能打动人，可以把设计的多种元素进行有机艺术化组合。在设计中基本元素相当于作品的构件，每一个元素都要有传递和加强传递信息的目的。传统文化元素包罗如此之广，正是设计师们吸取营养的沃土，对现代设计有着深刻的启迪和借鉴作用。我国有着深厚的文化背景，设计师从中获取的设计源泉取之不尽、用之不竭。将传统图形艺术结合到现代的设计中，是设计出具有主张性、时代性和国际性的现代标志的关键。但这样的一种结合，并不是指对传统图形进行纯粹的拷贝或者简单的挪用，而是去认识和了解传统图形，并在此基础上，逐步挖掘、变化和改造传统图形，让传统图形成为设计的一个新的创意点和启示点，从而设计出富有生命力的中国现代设计作品。

继承和创新相辅相成，没有继承就没有创新，没有创新，继承就失去了持续发展的支撑。徐州两汉文化视觉传统艺术的重要性就在于它往往包含着极其深刻的社会内容和某种心理的积淀，并在历史的进程中逐渐演变为对美的追求。徐州两汉传统文化作为中国传统文化的一个重要组成部分，博大精深，源远流长，不论是在形式上，还是文化内涵上，都可以为现在的视觉现代艺术设计提供丰富的素材。在文化趋同的今天，人们已逐渐认识到只有多样化的文化才是持久的文化，只有扎根本土、源于地方的文化才具有生命力和创造力。“昨天是今天的过去，同时今天也是明天的过去。”没有过去就没有未来，我们始终站在人类文明发展的基础上，不断前进。

附　　录

一、根据徐州两汉墓葬出土文物绘制的线稿

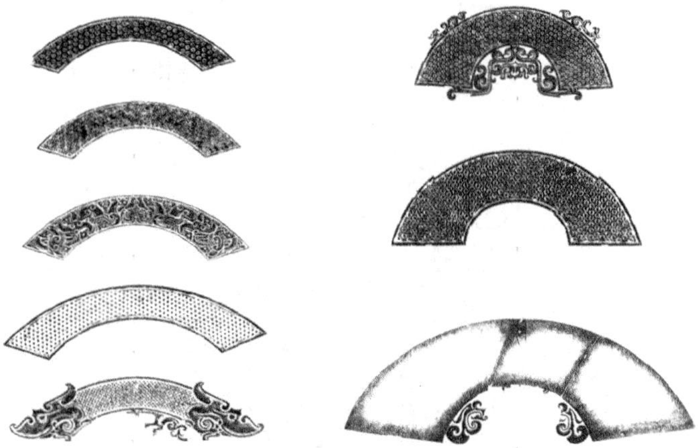

线 1　徐州两汉出土文物线稿龙纹玉璜

线 2　徐州两汉出土文物线稿玉璧

线 3　徐州两汉出土文物线稿蟠龙铜架镶玉枕

线 4　徐州两汉出土文物线稿头枕侧面

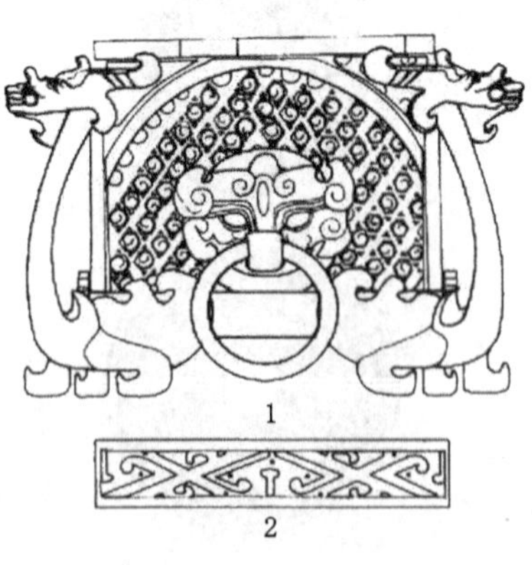

线 5　徐州两汉出土文物线稿铜镜

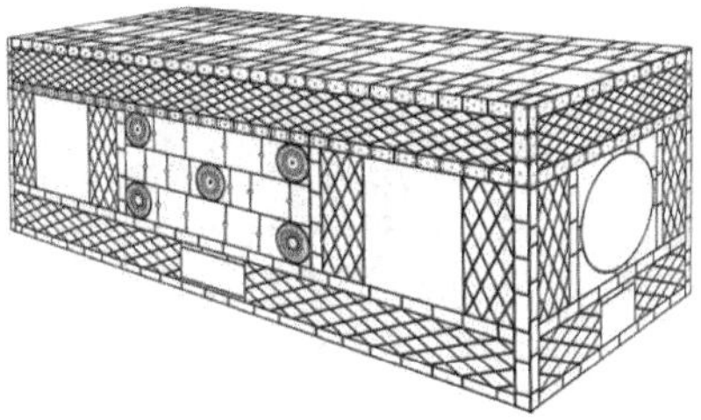

线 6　徐州两汉出土文物线稿镶玉漆棺

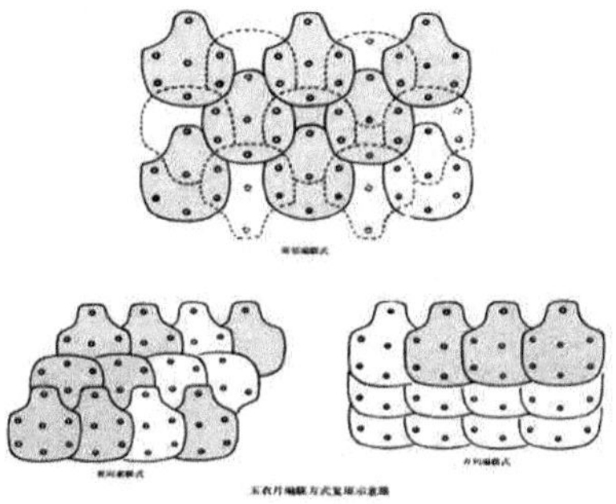

线 7　徐州两汉出土文物线稿玉衣片

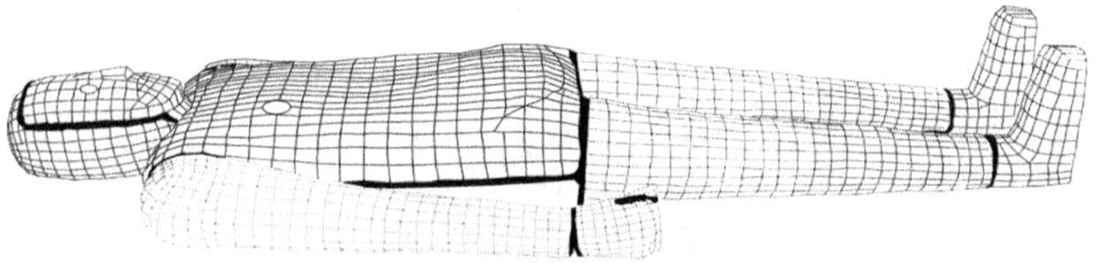

线 8　徐州两汉出土文物线稿金缕玉衣

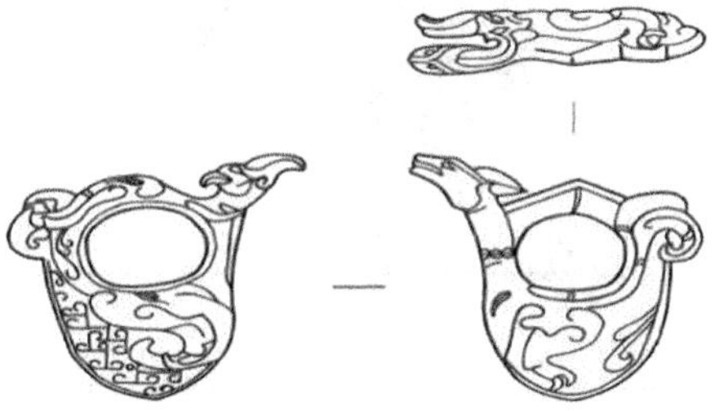

线 9　徐州两汉出土文物线稿龙凤纹玉佩

线 10　徐州两汉出土文物线稿蟠龙玉璧

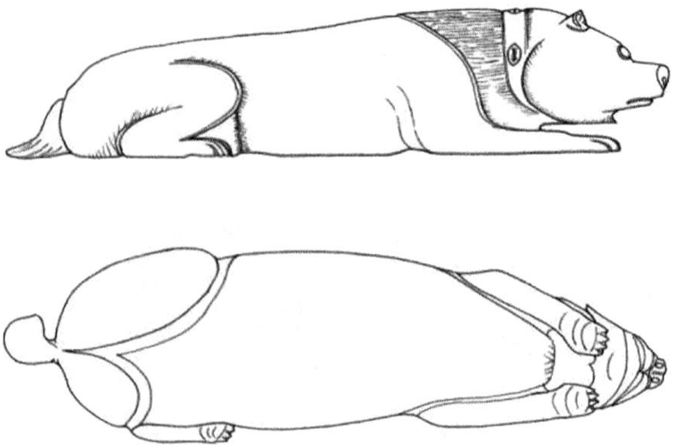

线 11　徐州两汉出土文物线稿熊形玉镇

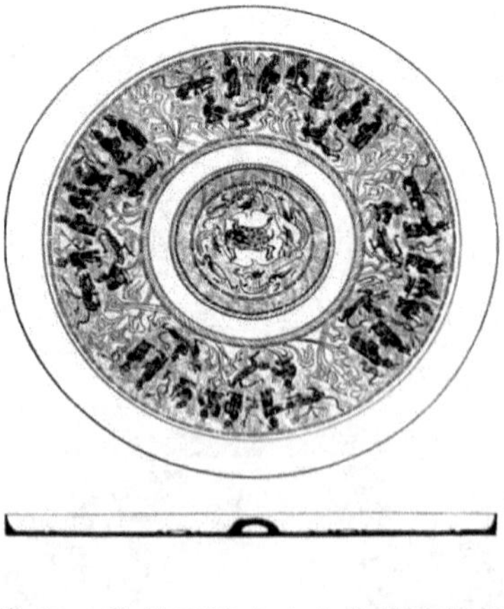

线 12　徐州两汉出土文物线稿铜镜

线 13　徐州两汉出土文物线稿汉俑服饰纹样

线 14　徐州两汉出土文物线稿龙凤纹玉剑珌

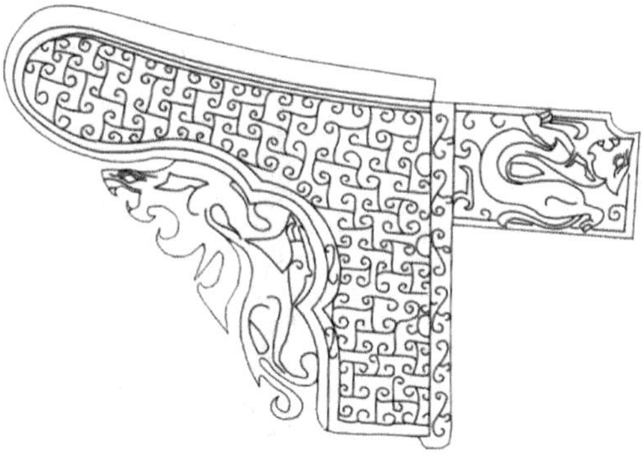

线 15　徐州两汉出土文物线稿玉戈铜

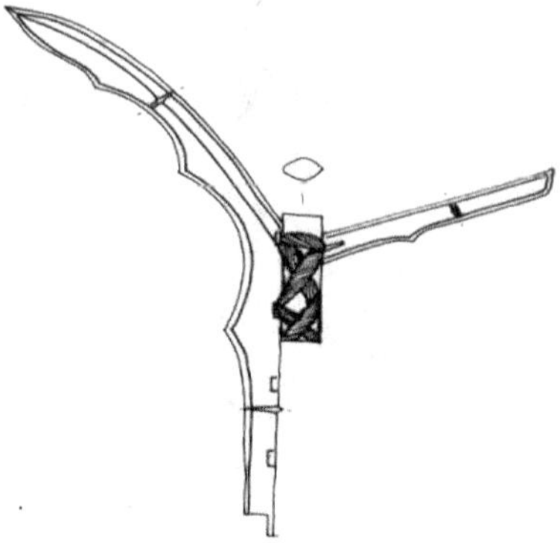

线 16　徐州两汉出土文物线稿器戈

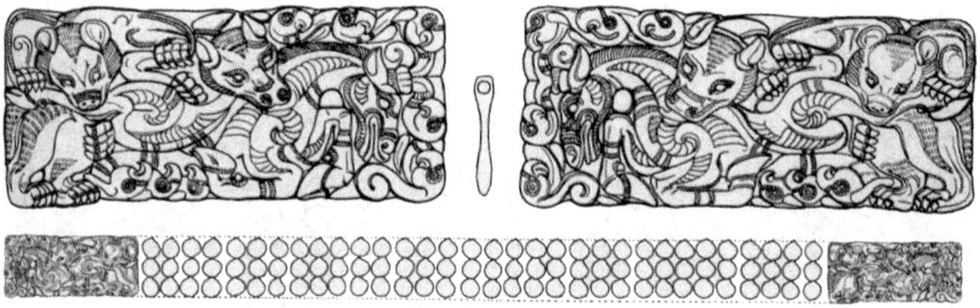

线 17　徐州两汉出土文物线稿带扣

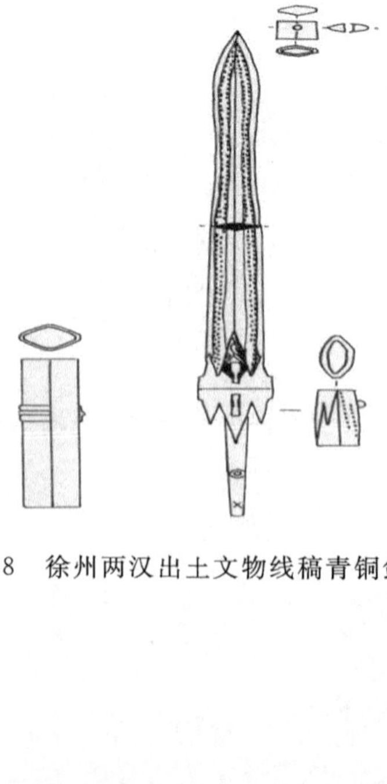

线 18　徐州两汉出土文物线稿青铜剑

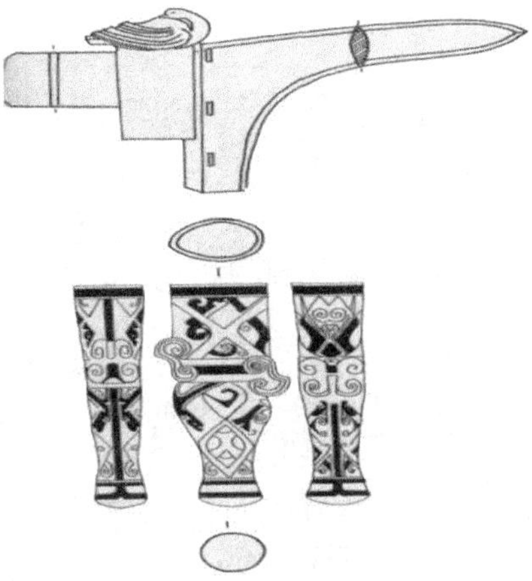

线 19　徐州两汉出土文物线稿矛

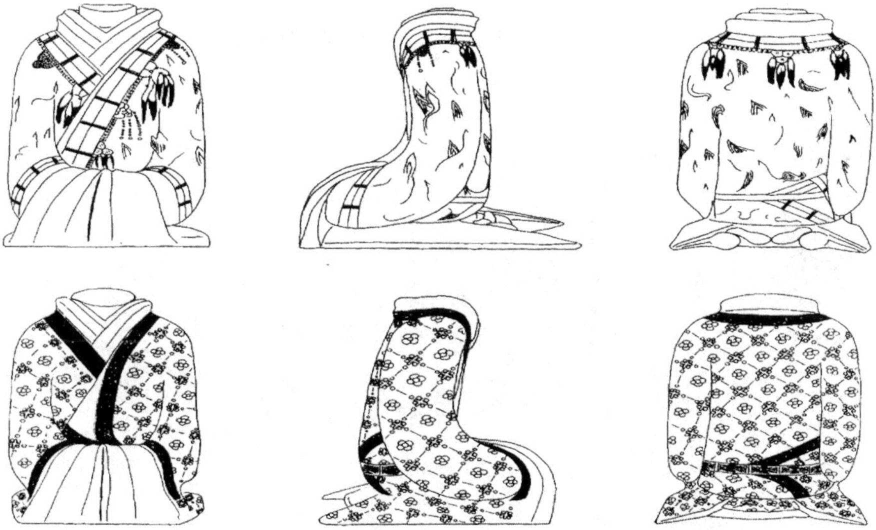

线 20　徐州两汉出土文物线稿汉俑服饰

二、徐州汉画像石及拓片

图 1　拓片 163 厘米×38 厘米 铜山区柳泉

图左刻三人坐谈，有三龙头相探；中立四人，拱手相对；右刻四龙

图 2　拓片 58 厘米×114 厘米 铜山区耿集

画面分三格。上两格刻人物，下格刻铺首衔环，上立一展翅欲飞的凤鸟

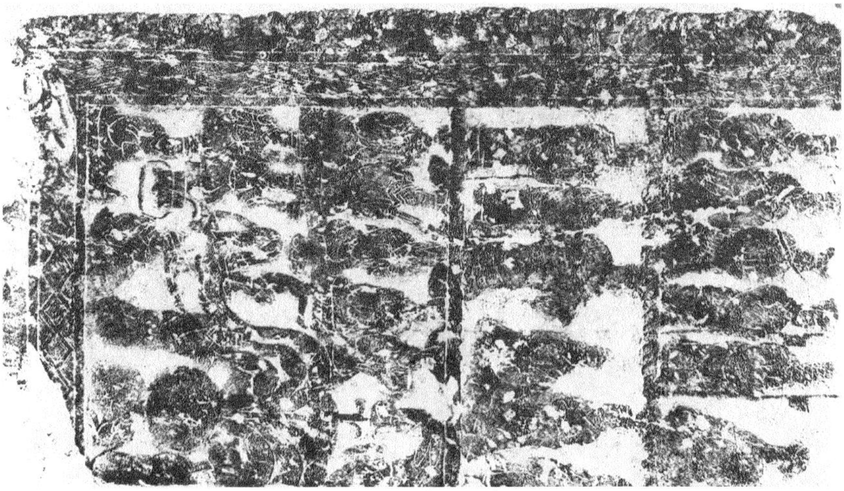

图3 拓片105厘米×77厘米 铜山区耿集

画面分三格。上格人物,各持兵器;中格人物,有的挥舞手臂,好像在议论什么;下格刻一厅堂有几人在交谈,屋前有踏步,旁有鸡、狗、羊等

图4 拓片105厘米×67厘米 铜山区耿集

上二格刻人物;下刻宴乐图

图 5　拓片 105 厘米×65 厘米 铜山区耿集

上刻人物，下刻车骑

图 6　拓片 52 厘米×29 厘米 铜山区安乐村残石

上格刻行龙，下格刻车马

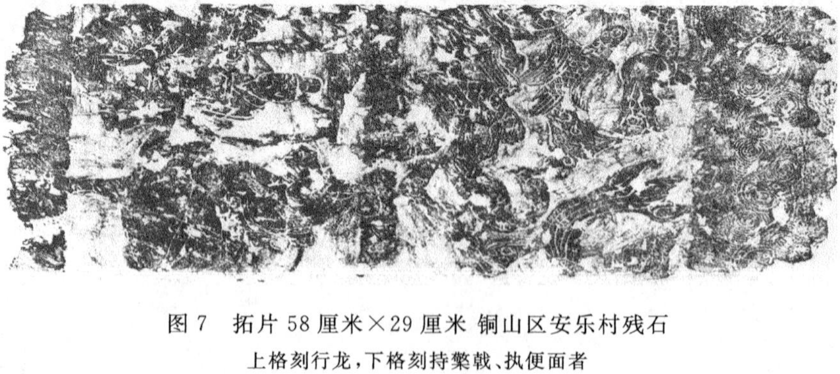

图 7　拓片 58 厘米×29 厘米 铜山区安乐村残石

上格刻行龙，下格刻持棨戟、执便面者

图 8　拓片 55 厘米×28 厘米 铜山区安乐村残石

上格有飞鸟、龙头、风尾；下格有车马局部

图 9　拓片 59 厘米×31 厘米 铜山区安乐村

画面外围以连弧纹，中分上下两格。

上格中心作“十字穿环”，外饰内向的锯齿纹，下格刻一轺车

图 10　原石照片 92 厘米×60 厘米 贾汪区大泉

画面外围以连弧纹,中分上下两格。

上格中心作"十字穿环",外饰内向的锯齿纹,下格刻一轺车

图 11　拓片 80 厘米×58 厘米 贾汪区大泉

上格刻"十字穿环",下格刻骑马者

图 12　拓片 137 厘米×92 厘米 贾汪区大泉

画面正中刻一紧闭门户的房屋，屋左有一骑者，
屋右有二人，似是一老一小；房顶两边刻龙凤飞舞

图 13　拓片 75 厘米×55 厘米 铜山县

画面分上下两格。上格刻
一对凤鸟，弯颈相背；下格刻
四人坐榻上，正中有食具

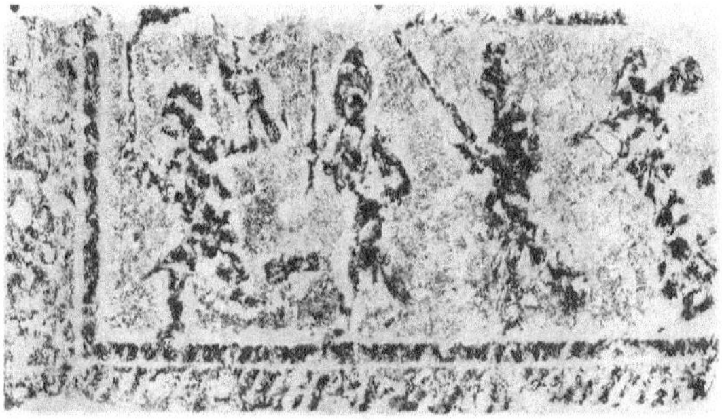

图 14　拓片 38 厘米×79 厘米 铜山县

残石为四个出猎者，第一人架鹰疾走，
三人手执棍形猎具，后一人扛网毕

图 15　拓片 146 厘米×48 厘米 铜山县

五只并列的雁

图 16　拓片 88 厘米×78 厘米 铜山县
上三人并坐交谈，
下二人对博，右一人站立

图 17　拓片 84 厘米×78 厘米 铜山县
在一方框内刻二人拱手相对

图 18　拓片 95 厘米×84 厘米 铜山县
画面分上下两格。上格刻四人，前一人拥彗而立；
下格刻车骑，前面有一持盾者躬迎

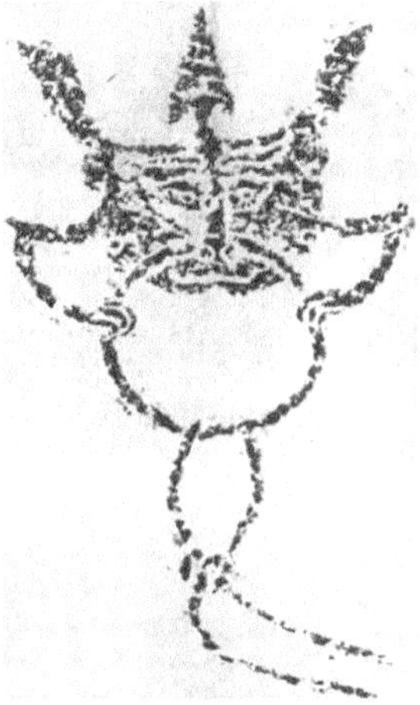

图 19　拓片 35 厘米×48 厘米 铜山县

铺首衔环，另有两爪握环，环系绶带

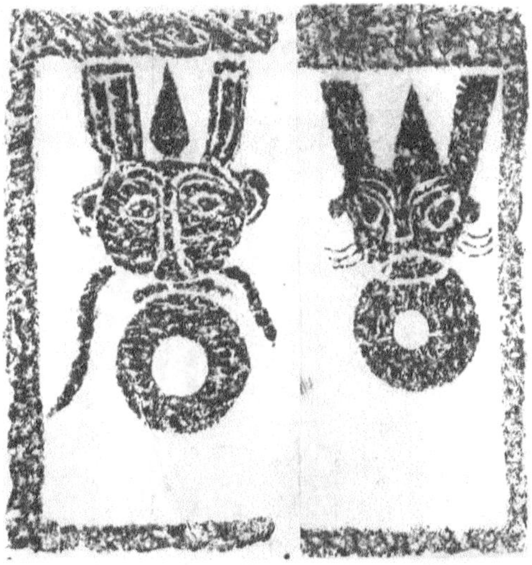

图 20　拓片 103 厘米×56 厘米 铜山县

一对门扉，均刻铺首衔环

图 21　拓片 103 厘米×106 厘米 铜山县

画面主体是两只凤凰，一只展翅欲飞；两风间的上下有鸟两只；

下端为龙；左上有一人身蛇尾者，当是伏羲

图 22　拓片 58 厘米×108 厘米 沛县收集散存画像石

画面分格，区划为若干部分，四周以几何形为饰，

中间刻两只朱鸟。此图与图 23 为一石两面

图 23　拓片 200 厘米×92 厘米

原石右方缺。中部刻乐舞，有击鼓者、奏乐者、舞蹈者。左方上刻二人，一坐一跪；下刻一轺车

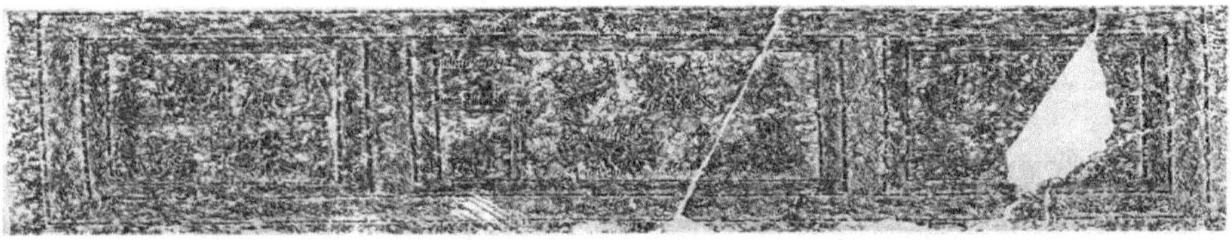

图 24　拓片 257 厘米×80 厘米

画面分左右三格。左格刻击建鼓者和舞蹈者，中格刻迎候车马，左旁有重榍建筑。右格原石有破损，刻庖厨

图 25　拓片 86 厘米×94 厘米

原石残损。上格刻楼房，门虚掩，有人从门缝中向外窥视；楼外有三人直立；楼上有人端坐，有人正在援楼梯而上。下格刻车骑，一人在门外执盾躬迎；门开一扇，有一人站门边

图 26　拓片 140 厘米×114 厘米

画面分上下两格，以几何形纹为界。上格刻四异兽，分二组相对而舞。
下格刻四人，中间有一少年，依次而行；有树两棵，树后有凤鸟和飞鸟

图 27　原石照片 58 厘米×108 厘米

画面分三格。上格刻舞乐，一人长袖起舞，一人倒立于几上，两人伴奏；
天空中一道彩霞，衬托着优美生动的场面。中格刻两人在室内对博，棋局已定，
一人扬臂击案，神飞色动，一人双手扶案，若有所思。下格刻一树立中间，
驭者手扶树；树上挂食具，正在给马喂食；轺车停在树旁，作正面式

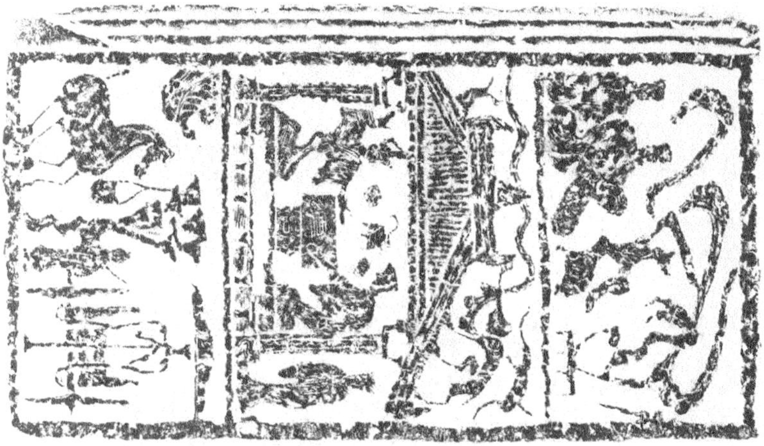

图 28　拓片系图 26 原石拓片

睢宁收集散存画像石

图 29　拓片 50 厘米×102 厘米 睢宁县双沟

画面分三格，每格刻一凤鸟

图 30　拓片 22 厘米×98 厘米 睢宁县双沟

四只凤鸟，竖列作连续状

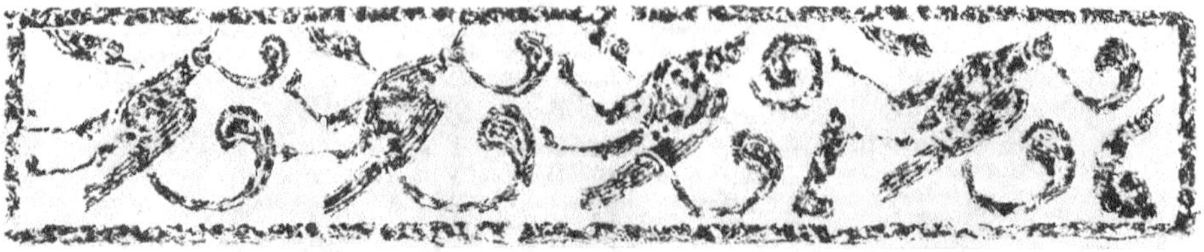

图 31　拓片 22 厘米×98 厘米 睢宁县双沟

画面分两格，每格内刻两只朱鸟

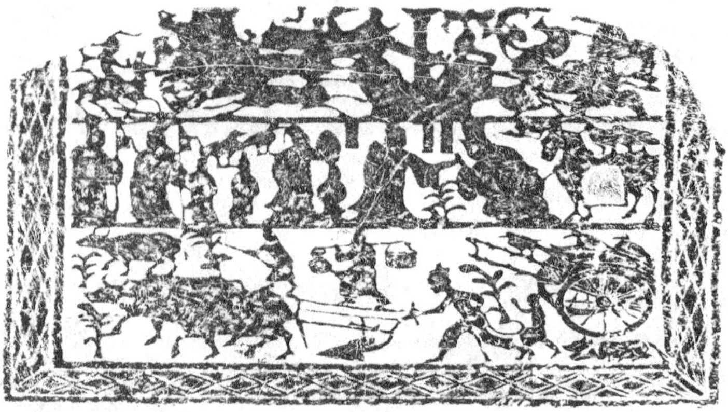

图 32　拓片 106 厘米×184 厘米 睢宁县双沟

原石上部残缺。现有画面分三格：上格有鹿车和仙人骑鹿，
似是神仙故事。中格刻一骑者下马拜见二人，旁有儿童及持节者。
下格刻牛耕图，有一农夫扶犁，二牛拉犁，后边跟一提篮的少年，像是在播种；
上有二人，一人担浆送食，另一人在锄地；前有一牛；车停在右方，上有乌鸦停留，车旁伏卧一犬；
禾苗茁壮，分植于画面的空间

图 33　原石照片 143 厘米×91 厘米 睢宁县双沟

画下端刻车骑一行，有一人执盾躬迎。左上刻楼阁，长廊栏杆，有人在内走动，
杂技表演。正中上端刻一格，内有二人，似一文一武，一人抬臂昂首，一人躬身向前

图 34　拓片系图 32 原石拓片

三、作品实践

图 34　根据徐州两汉文化视觉元素设计的服饰(一)

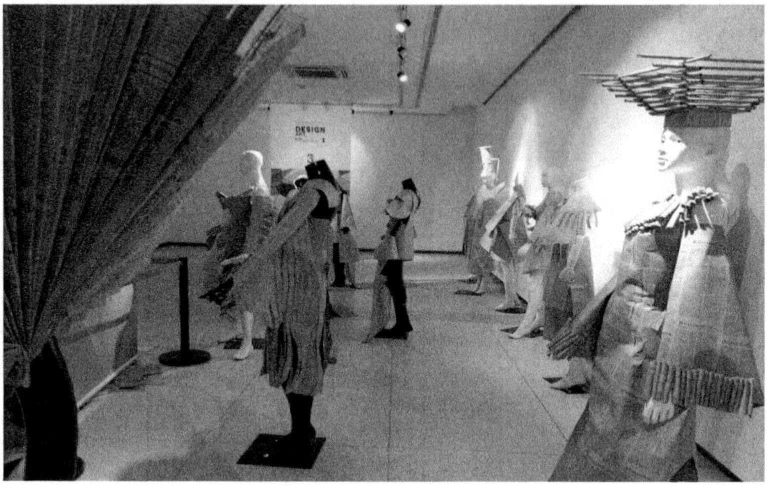

图 35　根据徐州两汉文化视觉元素设计的服饰(二)

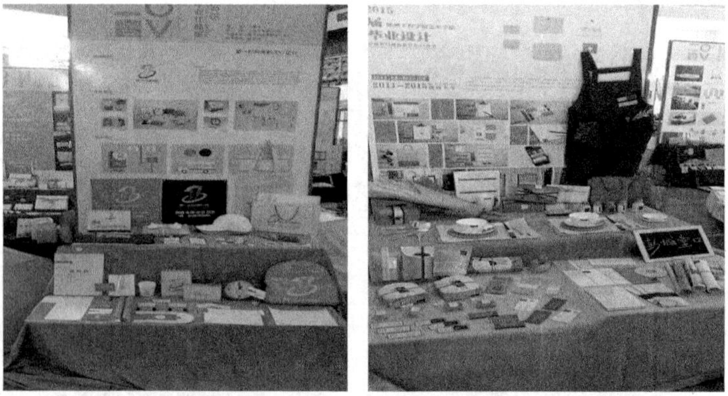

图 36　根据徐州两汉文化视觉元素设计的服饰(三)

图 37　根据徐州两汉文化视觉元素设计的标志

西游记之传统文化考察

研究历史方面课题，必须找到文化的历史源头方可佐证研究的真实性。我对中国传统文化艺术的研究已有10余年，西安、洛阳等地去过多次，此次自驾出行专程考察酝酿良久。

首站西安。

西安是中国历史上最具有代表性的历史古城之一，历史文化古迹众多，内城从里到处透露着历史的厚重，高大雄伟的城墙和鳞次栉比的古建筑衬托出她的伟岸，再加上川流不息的各种车辆让观者有“梦回大唐”的感觉。

来到西安参观的第一个景点是秦兵马俑馆。这次看到的兵马俑馆与我上两次参观的兵马俑馆明显不同，变化太大，面积扩大数倍，干净整洁，各种硬件和软件与时俱进，一个词形容——“高大上”。因为我一直生活在徐州，对秦兵马俑有种特殊的感情，这种感情是前期对徐州兵马俑的研究产生的对比而形成的。造型上秦兵马俑高大威猛，比例准确，人物表情严肃，采用写实的手法塑造形体，数量庞大，整个军阵有严阵以待的感觉；徐州汉兵马俑虽然也是以军阵的形象出现，但徐州兵马俑以写意的形态来塑造形体，表情丰富，各有千秋。参观了秦兵马俑之后，毗邻的是秦始皇陵。陵墓占地巨大，据说有70多个故宫那么大，因技术原因没有挖掘。出了秦始皇陵，骊山华清池正在整修，历史的阵列物很少，有的是历史的原貌，无非是皇家休闲时期到此娱乐的场所，以杨贵妃沐浴的汤池最为著名。华清池周边开发得十分成熟，建造了各种相关的建筑物和雕塑，整个华清池的场地很大，人流不息、车水马龙，很是热闹。华清池西侧是曲江文化景区，内容丰富，著名的大雁塔就在此处，佛教文化氛围浓厚。地宫中藏有佛像，雕刻精美，栩栩如生，配饰、衣带、五官、形体都很细致。大雁塔北侧建有多层次的水帘，再加上玄奘法师的雕像肃立于寺庙前，整个布局相得益彰。曲江文化景区内文化产业也很丰富，如图书馆、展览馆、画廊等，参观起来节奏要安排好。

在西安考察的第二天行程是陕西博物馆。陕博在全国数一数二，历史文物众多，且多为稀世珍品。陕博的建筑很现代，灰色吊顶配上昏暗的灯光，声光电的综合运用更体现出陕博的厚重和神秘感。陈列的文物，特别是造型复杂、图案造型精美的，都绘有工艺图、结构图、纹样图解。例如唐代妇女眉毛样式的演变，根据纪年、图例、资料来源进行解构；历代妇女点唇样式从汉到清分别排列，并图例分析；唐代品官用銙制度，一二三品用金玉带十三銙、四品用金玉带十一銙、五品用金带十銙、六七品用银带九銙、八九品用鍮石带八銙、流外官用铜铁带七銙；何家村窑出土文物数量众多，纯金银器皿 270 件、锌铤 8 件、银饼 22 件、银板 60 件、金银铜币 466 枚，配有图例进行解读。陕博对造型精美的纯金碗上的花纹进行了详细绘制，对碗内每层的图案结构进行介绍，如最里层云勾瓣宝相花纹、中间为鱼子纹、外围为折枝花纹，对碗的外侧花纹组成结构鸳鸯纹、鹦鹉纹、缠枝花纹等也进行了部位分析。可见陕博的研究人员对出土文物所做的艰辛而又卓越的工作。陕博所藏文物众多，藏品丰富，包括翰林墓室出土的高 193 厘米、宽 214 厘米的《山水图》大型壁画。在陕博整整呆了 2 个整天，收获满满。累了席地而坐，饿了吃饼干充饥，虽然外面热浪难掩，馆内却凉风习习。

在西安的最后两天去了碑林、古城墙、曲江公园、西安美院等。从西安美院里的数万个拴马桩也可读到西安的历史。

整个西安之行，拉近了我们与历史的距离，增强了我们的历史观和人文观、世界观，增进了与西安这座历史古城的情感。

第二站陕西咸阳。

说到咸阳，就会想到秦始皇，它是秦帝国的发源地。从秦孝公十二年（前 350 年）筑城咸阳，开始了秦帝国定都咸阳 140 余年的历史，在长达一个多世纪的时间里，秦帝国励精图治，东取河西、南夺巴蜀、跻身战国七雄，于秦王嬴政二十六年（前 221 年）灭六国统一华夏，建立了中国历史上第一个统一的中央集权制帝国。秦帝国留下的文物典章制度，对后世产生了深远的意义。现在的咸阳城市面貌发生了重大变化，一片现代化的大都市景象，高楼林立，在嘈杂的市内有一块净土，那就是咸阳文庙，咸阳博物馆就坐落此处。咸阳博物馆占地面积不大，但所藏文物地方性很强，在这个狭小的博物馆内还专门辟出一个西汉兵马俑馆，馆藏兵马俑与徐州兵马俑馆所藏几乎一致，不同的是背后的故事。

午后驱车到达扶风县法门寺，来之前在央视 9 套看过一档关于法门寺的有关报道，作为千年古寺的法门寺出土文物众多，法门寺的建筑风格是新旧建筑结合体。东侧建筑是古建筑，而西侧开发的面积较大，有商业街、佛像广场、佛光大道、博物馆、舍利塔等新建建筑物，布局工整，十分壮观。法门寺据传始建于东汉明帝十一年（公元 68 年），已经有 1700 多年历史，素有“关中塔庙始祖”之称，周魏以前称作“阿育王寺”，隋文帝时改称“成实道场”，唐高祖时改名“法门寺”。法门寺被誉为皇家寺庙，因安置释迦牟尼佛指骨舍利而成为举国仰望的佛教圣地。法门寺佛塔被誉为“护国真身宝塔”。法门寺地宫出土了释迦牟尼佛指骨舍利、铜浮屠、八重宝函、银花双轮十二环锡杖等佛教至高宝物，法门寺珍宝馆拥有出土于法门寺地宫的2000多件大唐国宝重器，也是目前发现寺庙出土文物最多的地方。唐朝时中国的丝绸织物已发展到一个高峰，法门寺地宫中出土的丝织品就成了很好的佐证。这些物品多是历代皇后所供奉的，其中还有武则天的“武后绣裙”一件。地宫出土的700多件丝织品，有唐代绫、罗、绢、锦、绣、印花贴金、描金、捻金、织金等花色品种，几乎囊括了唐代所有的丝绸品种和丝织工艺，堪称唐代丝绸博物馆，是唐代丝绸考古的空前大发现。2014年“世佛联”大会就在法门寺举办。

从法门寺出来直接赶往宝鸡。宝鸡夜生活丰富，烧烤、小吃比比皆是，市容市貌很漂亮，晚上灯火辉煌。我以前想象西部城市相比较东部落后些，来了以后大为改观。宝鸡市周边有炎帝陵和宝鸡青铜器博物院等。看了炎帝陵说真的有点伤感，炎帝陵与黄帝陵相比很是萧条，建筑粗糙，设施落后。但是宝鸡青铜器博物院的建设可圈可点。博物院建筑很现代，场馆设施、文物陈列和周边布局很高端。宝鸡是周秦两个王朝的发祥地，也演绎出青铜时代的鼎盛繁荣，有2770余年建城史，出土的青铜器有50000余件。中国晚清发现的四大青铜器国宝：西周青铜器毛公鼎（现藏于我国台北故宫博物院）、散氏盘（现藏于我国台北故宫博物院）、大盂鼎（现藏于中国国家博物馆）、虢季子白盘（现藏于中国国家博物馆）均出土于此。另出土国宝重器：何尊、逨盘、折觥、厉王胡簋、墙盘、秦公镈、卫鼎，均藏于宝鸡青铜器博物院馆内。例如西周折觥，于1976年12月15日出土于宝鸡扶风，是西周昭王时铸造的盛酒器，器物主人名折，所以为折觥。它通高28.7厘米，腹深12.5厘米，重9100克，造型酷似一只又肥又大的绵羊，整个器物由十几种动物组合而成，四层花纹显得富丽堂皇，造型精美，纹饰设计独特，是一件十分精美的青铜艺术珍品。它分为盖与器身两部分，盖的头端呈昂起的兽形，铭文铸在盖内，器身上的铭文铸在内底部。器、盖同铭，共计6行40字；再例如中国青铜器之最——后母戊鼎，后母戊鼎是世界上迄今出土最大、最重的青铜礼器，享有“镇国之宝”的美誉，现为国家一级文物，2002年列入禁止出国（境）展览文物名单，现藏于中国国家博物馆。后母戊鼎于1939年3月在河南安阳出土，是商王祖庚或祖甲为祭祀其母戊所制，是商周时期青铜文化的代表作，造型朴实厚重，方正的鼎腹、圆柱的鼎足和谐地结合在一起，沉稳而端庄，鼎体饰以纹，耳上铸有两虎相向餮人头的形象，是商代青铜器风格的典范，体现了中国殷商时代青铜器的铸造的超高工艺和艺术水平，有重要的历史价值。后母戊鼎因鼎腹内壁上铸有“后母戊”三字得名，鼎呈长方形，口长112厘米、口宽79.2厘米、壁厚6厘米、连耳高133厘米，重达832.84千克。鼎身四周铸有精巧的盘龙纹和饕餮纹，增加了文物本身的威武凝重之感。饕餮是传说中喜欢吃各种食物的神兽，把它铸在青铜器上，表示吉祥、丰年、足食。中国很多传统纹样也主要参考宝鸡出土的青铜器的造型上，所以中国传统纹样的出处就源于此，考察不枉此行！

宝鸡市西200多千米的麦积山石窟是此次出发前设定的考察景点之一。麦积山石窟隶属于天水市，天水市和宝鸡市相连，天水市被一条渭河分割为河北和河南，市区平均海拔1100米，渭河的两岸是高大的黄土丘陵地貌。虽然城市规模不大，但它却是历史文化名城，有大地湾遗址、伏羲庙、麦积山石窟、南郭寺、玉泉观等名胜古迹。

麦积山石窟距离天水市中心大约40分钟的路程。昂头观望麦积山红褐色的山体上密密麻麻耸立着大大小小不计其数的石窟。作为中国四大石窟（龙门石窟、云冈石窟、敦煌石窟、麦积山石窟）之一的麦积山石窟虽然与前三个石窟相比不算太大，但是我还是被石窟的规模所震撼。麦积山石窟目前也是国家5A级旅游景区，因为麦积山的造型像当地农民家的麦垛，故得此名麦积山。麦积山石窟窟龛凿于高20～80米、宽200米的垂直崖面上，存有窟龛194个，其中东崖54窟，西崖140窟，泥塑、石胎泥塑、石雕造像7800余尊，最大的造像——东崖大佛高15.8米，壁画1000余平方米。

麦积山石窟建于后秦，大兴于北魏，西魏文帝元宝炬皇后乙弗氏（乙弗皇后）死后，在这里开凿麦积崖为龛而埋葬。北周的保定、天和年间（561～572年），秦州大都督李允信为亡父建造七佛阁。隋文帝仁寿元年（601年）在麦积山建塔“敕葬神尼舍利”，后经唐、五代、宋、元、明、清各代不断开凿扩建，遂成为中国著名的石窟群之一。约在唐开元二十二年（734年）的时候，因为发生了强烈的地震，麦积山石窟的崖面中部塌毁，因此窟群目前分为东、西崖2个部分。东崖的石窟以涅槃窟、千佛廊、散花楼上的七佛阁等最为精美。在涅槃窟前有四根粗短的石柱，柱头有莲瓣形的浮雕，柱顶不用斗拱，而代之以浮雕的“火焰宝珠”，设计构思极其巧妙，这座崖阁是北魏晚期建筑的，是石窟寺建筑中的珍品。千佛廊长32米，崖壁上分两层整齐地排列着258尊石胎泥塑的神像，神情各异，栩栩如生。

西崖聚集着万佛堂、天堂洞等极具价值的洞窟。万佛堂又叫“碑洞”，跨进门，洞口是一尊3米多高的接引佛，双目微合，双手作接引之姿。窟内现存泥塑30多件。前壁的左上侧留有影塑的千佛千余身。窟龛中有许多制作精巧的弥勒、沙弥、供养人的雕塑。天堂洞是两崖上最高的石窟，窟内全是大型的石刻造像，中间一尊高近2米，左右两尊高约1.3米。从艺术的角度来审视各个石窟的人物造型和精美的壁画，不难看出艺术工匠们高尚的艺术情怀和精湛的工艺造诣水准。人物五官精准、造型饱满、体积感强、服装线条表现流畅，虽然经历了上千年的岁月洗礼，色彩依然鲜艳而充满神秘感。尤其是飞天的造型，多彩多姿更具特色，有泥塑、雕刻、绘画以及薄肉塑4种形式的飞天。麦积山石窟真实地反映了那个时代的艺术家对美好生活的无限向往和审美取向。北魏造像秀骨清俊，睿智的微笑，暗含着对恐怖现实的蔑视，对人生荣辱的淡忘和超脱世俗之后的潇洒与轻松；西魏、北周造像的温婉和淳厚，沉醉于对现实生活的追求和对佛国世界的向往；隋唐造像丰满细腻；宋代造像衣纹写实，面貌庄重。麦积山艺术以泥塑见长。艺术家们扬弃了以往那种斤斤计较的细部讲究，而把感染力提到了统率一切的高度，神情动人，富有生活气息。从麦积山各时代造像可窥见当时艺匠们突破佛教的清规戒律，以现实生活中的人物为主要素材，加以艺术的夸张、想象、概括、提炼而创作出来的具有浓郁生活气息的宗教人物：佛、菩萨、弟子、供养人等形象，这些佛像造型逼真使参观者充满了亲近感。

在革命圣地延安，看到了宝塔山、延河、枣园等红色景点，又深深接受了一次爱国主义教育。接下来直奔壶口瀑布。到达壶口瀑布正碰上景区封闭，布告上说是丰水期，怕出现危险。遗憾，我们只是在岸上远远地看上一眼又驱车去了临汾。临汾的博物馆和前面参观的博物馆差距还是蛮大的。临汾博物馆藏品特色十分明显，像陶器、瓷器、铜器等，其中铜镜最具特色。

最后一站洛阳。小时候在课本上读到的好多历史事件都发生在洛阳，据史料介绍中国有105个帝王在此定都。洛阳地处河南的西部，也是河南省第二大城市，中华文明的发源地之一，被誉为“千年帝都，牡丹花城”。洛阳的第一个考察点是白马寺。白马寺建于东汉刘庄（汉明帝）时期，是佛教传入中国的第一个官办寺院，距今有1900多年的历史。整个寺庙布局规整，风格古朴。寺大门之外，广场南有近些年新建的石牌坊、放生池、石拱桥，其左右两侧为绿地。左右相对有两匹石马，大小和真马相当，形象温和驯良，这是两匹宋代的石雕马。进入白马寺可以领略到其建筑风格，东侧为老建筑、西院为异国风情佛殿苑，风格真实、对比强烈。白马寺保存的古代碑刻40余方。其中，最具历史价值的有：宋崇宁二年刻石、金“重修释迦舍利塔记”碑、元“龙川和尚遗嘱记”刻石、元“洛京白马寺祖庭记”碑、明“重修古刹白马禅寺记”碑等，院内供奉泰国佛像、释迦太子像、中华古佛、卧玉佛等。

在洛阳最值得参观的要数龙门石窟，作为中国四大石窟之首，不论是规模还是石窟数量堪称中国之最。龙门石窟建于北魏孝文帝，历经东魏、西魏、北齐、隋、唐、五代、宋等朝代连续大规模营造达400余年之久，南北长达1千米，今存有窟龛2345个，造像10万余尊，碑刻题记2800余品。其中“龙门二十品”是书法魏碑精华，褚遂良所书的“伊阙佛龛之碑”则是初唐楷书艺术的典范。龙门石窟是中国石刻艺术宝库之一，世界文化遗产、全国重点文物保护单位、国家5A级旅游景区。龙门石窟主要有潜溪寺、宾阳中洞、宾阳南洞、摩崖三佛龛、万佛洞、莲花洞、奉先寺、古阳洞、药方洞、老龙洞、惠简洞、惠简南洞小窟、看经寺、香山寺、龙门二十品等景点。龙门石窟中还保留着大量的宗教、美术、建筑、书法、音乐、服饰、医药等方面的实物资料。龙门石窟的历史价值不可估量，也是中国现存石刻艺术的臻品，究其原因，这一时期石刻艺术的发展来源于两汉时期石刻艺术的兴起。从艺术风格来讲，北魏时期的佛像造型清秀，以瘦为美，所以，佛雕造像也追求秀骨清像式的艺术风格。而唐代人们以胖为美，所以唐代的佛像的脸部浑圆，双肩宽厚，胸部隆起，衣纹的雕刻使用圆刀法，自然流畅。龙门石窟的唐代造像继承了北魏的优秀传统，又汲取了汉民族的文化，创造了雄健生动而又纯朴自然的写实作风，达到了佛雕艺术的顶峰。唐代龙门石窟的重点洞窟中，以规模宏伟、气势磅礴的大卢舍那像龛群雕最为著名。这座依据《华严经》雕琢的摩崖式佛龛，以雍容大度、气宇非凡的卢舍那佛为中心，用一周极富情态质感的美术群体形象，将佛国世界充满祥和色彩的理想意境表达得淋漓尽致。这组雕像体现了唐帝国强大的物质力量和精神力量，显示了唐代雕刻艺术的最高成就。两个时期的艺术审美观点迥异，造就了龙门石窟两个时期佛像造型艺术风格上存在的差异性，也就不足为怪了。洛阳博物馆是个新建的建筑，方方正正，就像洛阳的交通一样笔直、方正。博物馆内藏品主要分为 6 个分馆：珍宝馆、宫廷文物馆、唐三彩馆、汉唐陶俑馆、书画馆、石刻馆，其中以唐三彩馆最具特色。唐三彩的发源地是洛阳，是盛于唐朝的一种低温釉陶器，用釉彩的颜色通常有 6 色，即黄、白、黑、褐、蓝、绿色，而其中以黄色、绿色和白色为主，因此人们称其为唐三彩。唐三彩于 1905 年修建陇海铁路时在洛阳北的邙山发掘一批唐代墓葬中发现的，如三彩马、骆驼、仕女、乐伎俑等器物，由于是第一次发现这种烧制的陶器，故称其为“唐三彩”，此名一直沿用至今，人们也称其为“洛阳唐三彩”。唐三彩器物造型多样、色彩绚丽，吸取了中国画、雕塑等工艺美术的特点。唐三彩成型的方法包括轮制、模制、雕塑 3 种，在造型上分为生活用具、模型、任务、动物 4 大类，以骆驼和三彩马为多。这种对骆驼和马的喜爱，应该是受当时对外贸易的影响，这两种动物在当时是最好的交通工具。另外，马和骆驼的造型上于当时唐朝流行的以胖为美的大环境有关，如马的臀部肥大，颈部较宽。所以唐三彩在中国工艺史、文化史、美术史上都占有重要的位置。虽然后期在西安市、河南巩义市、扬州市等地也发现了唐三彩，但是都没有洛阳唐三彩的名气大。

本次对中西部部分历史文化名城的考察历时半个多月，行程 3300 多千米，考察城市有西安、咸阳、宝鸡、天水、延安、临汾、洛阳，考察各种景点 120 多处，拍摄珍贵资料照片 1 万多张。这次考察对本专著《徐州两汉文化视觉语境研究》有莫大的帮助，对本书内容的充实提供了大量的第一手素材。

参考文献

[1] 曹小欧.国外后现代设计[M].南昌:江西美术出版社,2000.
[2] 陈瑞林.中国现代艺术设计史[M].长沙:湖南科学技术出版社,2003.
[3] 陈新生.传统艺术与现代设计[M].合肥:合肥工业大学出版社,2005.
[4] 高敏.秦汉魏晋南北朝史论考[M].北京:中国社会科学出版社,2004.
[5] 高名潞.墙——中国当代艺术的历史与边界[M].北京:中国人民大学出版社,2006.
[6] 关增铸.线装书——先秦两汉瓦当释文考[M].北京:线装书局出版,2007.
[7] 国家博物馆,徐州博物馆.大汉楚王——徐州西汉楚王陵墓文物集萃[M].北京:中国社会科学出版社,2005.
[8] 韩魏.孟菲斯设计[M].南京:江苏美术出版社,2001.
[9] 何人可.工业设计史[M].北京:北京理工大学出版社,2000.
[10] 贺西林,赵力.中国美术史简编[M].北京:高等教育出版社,2006.
[11] 黄雅峰.南阳汉画像砖石的视觉造型[M].郑州:河南美术出版社,2004.
[12] 李彬彬.设计效果心理评价[M].北京:中国轻工业出版社,2005.
[13] 李亮之.色彩配置[M].南昌:江西美术出版社,2006.
[14] 李亮之.世界工业设计史潮[M].北京:中国轻工业出版社,2001.
[15] 李砚祖.产品设计艺术[M].北京:中国人民大学出版社,2005.
[16] 李砚祖.现代艺术百年历程与装饰的意义[M].北京:北京工艺美术出版社,1998.
[17] 李砚祖.造物之美[M].北京:中国人民大学出版社,2000.
[19] 李泽厚,刘纲纪.中国美学史[M].合肥:安徽文艺出版社,1999.
[20] 梁梅.1945年以来的设计[M].长沙:湖南美术出版社,1999.
[21] 梁梅.意大利设计[M].成都:四川人民出版社,2000.
[22] 刘松来.两汉经学与中国文学[M].南昌:百花洲文艺出版社,2006.
[23] 柳林,赵全宜.吉祥图案新视觉[M].武汉:武汉大学出版社,2005.

[24] 欧阳英,潘耀昌.外国美术史[M].杭州:中国美术学院出版社,1997.
[25] 齐孔、新苗.鲁民间造型艺术[M].济南:山东画报出版社,2005.
[26] 钱穆.两汉经学今古文平议[M].北京:商务印书馆,2001.
[27] 斯蒂芬·贝利.20世纪风格与设计[M].成都:四川人民出版社,2000.
[28] 唐家路.民间艺术的文化生态论[M].北京:清华大学出版社,20006.
[29] 王伯敏.中国绘画通史[M].北京:三联书店,2000.
[30] 王受之.世界当代艺术史[M].北京:中国青年出版社,2002.
[31] 王树村.中国民间美术史[M].广州:岭南美术出版社,2004.
[32] 徐华.关于汉画像艺术的精神功能的辨析[M].北京:希望出版社,2005.
[33] 徐州博物馆.古彭遗诊[M].北京:国家图书馆出版社,2011.
[34] 徐州市委宣传部组织.徐州历史文化丛书[M].北京:中华书局,1992.
[35] 许华.两汉艺术精神嬗变论[M].北京:学林出版社,2003.
[36] 杨树达.汉书管窥[M].北京:科学出版社,1955.
[37] 叶朗.中国美学史大纲[M].上海:上海人民出版社,1985.
[38] 尹定邦.设计学概论[M].长沙:湖南科学技术出版社,2000.
[39] 袁熙旸.新现代主义设计[M].南京:江苏美术出版社,2001.
[40] 张从军.黄河下游的汉画像石艺术[M].济南:齐鲁书社,2004.
[41] 张德兴.美学探秘[M].上海:上海大学出版社,2002.
[42] 张也夫.外国美术史[M].长沙:湖南大学出版社,2004.
[43] 周旭,余永海.视觉传达设计概论[M].北京:知识出版社,2002.

后　记

由徐州工程学院学术著作出版基金资助的《徐州两汉文化视觉语境研究》即将出版。伏案疾书思绪万千，本书出版前，感慨颇多，其中艰辛，方可释怀。本书从前期调查至今完整成稿历时14年，从2003年的第一篇文章《汉画像石浅谈》到2011年《徐州两汉文化的品牌推广及应用》的发表，再到《徐州两汉文化视觉语境研究》的出版，看是递进关系，但整个课题的研究也是根据形势的发展和国家大政方针的要求相一致。例如，2003年徐州汉文化景区还没有规划和建设，楚王陵的景区建设也没有形成规模；市内位于徐州博物馆内的彭城王墓还没有挖掘完毕，项羽的军师范增的墓葬是否另有其人还没有形成定论。时间是检验真理和见证发展的最好媒质。对于本书出版也是响应习近平总书记在中国文艺工作座谈会上的讲话，并在系列讲话精神的指引下、在国家大力提倡发展民族传统文化和弘扬传统文化的大背景下，从专业发展的需要上反复斟酌，力求资料的新颖、广泛、真实。本人多年深入实地考察研究，龟山汉墓去了9次、楚王陵去了11次、兵马俑博物馆去了15次、汉画像石馆去了17次、徐州博物馆去了20余次……为了保证资料的真实性和专业性曾多次请教中国考古界著名专家，如徐州两汉文化权威考古专家、徐州市兵马俑馆原馆长王恺老师，徐州市博物馆陈列部主任岳凯老师，江南大学博士生导师李亮之教授，江南大学博士生导师蒋高明教授，江南大学博士生导师崔荣荣教授等，多次参加全国和地方性专业学术论坛。为保证与周边两汉文化的关联性、专业调查的可靠性，曾多次到西安的秦兵马俑馆、秦始皇陵、乾陵、陕西博物馆、咸阳博物馆、宝鸡博物馆、宝鸡中国铜器博物馆、天水麦积山、山西临汾博物馆、洛阳龙门石窟、洛阳博物馆、中国博物院、故宫博物院、淄博博物馆、济南博物馆、临沂博物馆、宿州博物馆、商丘博物馆、淮安博物馆、苏州博物馆、无锡博物院、南京博物院、安徽博物馆、四川博物馆、重庆博物馆等地考察研究。

为保证整本书稿的专业性和创新性，以区域性调查为起点，体现徐州地方性特点，体现专业角度的观察视野。全书分为7个章节，通过调研法、对比法、访谈法、实践法等研究方法从不同角度来分析和研究徐州两汉文化的视觉语境。视觉语境这个词在本书中的解读为：我们视觉所能够看到的，通过艺术的角度进行专业性分析研究。因为从事的工作为高校艺术方面的教育工作，准确地讲就是从艺术设计的角度来诠释徐州两汉文化中的视觉艺术，艺术设计所涉及的视觉艺术包括视觉传达设计、服装与服饰设计、建筑艺术设计、工艺美术设计等方向。在研究的过程中力求拓展研究的广度和宽度。本书结合了两汉文化特点，从继承和发展的角度去诠释两汉文化的视觉语境，从设计的视野去探究其应用的方向，是一个全新的课题。

浙江理工大学副教授张扬博士认为，姚君洲博士作为艺术工作者，如何看待徐州两汉文化中的视觉艺术，尤其是其中的民族传统元素是一个有待于深入思考和研究的课题。君洲的专著基于徐州两汉文化历史，从徐州两汉文化艺术与可借鉴用于现代艺术设计的视觉元素的结合点进行切入分析研究。专著主要内容包括从现有相关视觉艺术设计作品中统计分析现代视觉艺术设计——徐州两汉文化元素；从历史的角度，了解现代视觉艺术设计的历史变化，探求徐州两汉文化影响现代视觉艺术设计的主要因素；对历史中的视觉艺术传达方面有关的类型进行统计整理，并从借鉴的抽象程度、种类等角度进行分析总结，从中寻找现代视觉艺术设计的相关规律；从借鉴的角度进行研究，分析总结涉及的视觉艺术传达的类型、生理特征、心理和美学意义等，探求具有我国特色的现代视觉艺术设计的特征。专著深耕徐州两汉文化历史，借鉴理工科的思维和方法将艺术内容梳理和条理化，研究“古为今用”。君洲博士的专著不仅研究方法颇有新意，且研究成果具有较好的理论和现实研究意义。在文化日渐趋同的今天，越来越多的人已意识到只有扎根本土、源于地方的文化才具有生命力和创造力。设计师只有不断学习前人的文明成果，做到融会贯通，才会不断创造美好的未来。这正是专著的出发点，也是落脚点。在探讨徐州两汉文化视觉元素的心理美学意义基础上，进一步深入剖析徐州两汉文化视觉元素可适用于现代视觉艺术设计方面的借鉴对象种类和应用方法，以及对人的生理、心理上的影响和社会意义，从而产生更高的文化和艺术价值，为中国现代设计艺术的研究提供一些启示和研究思路。

江南大学副教授余圆圆博士认为，姚君洲对徐州两汉文化艺术做了大量的调查研究，包括两汉文化艺术的发展历史、各种不同风格中的视觉艺术，并从视觉元素和视觉借鉴设计的结合点进行切入，就徐州两汉视觉语境总结出借鉴设计的应用规律、适用于现代视觉艺术设计方面的借鉴对象种类，这对两汉文化在现代的传承与创新有着极为重要的意义。

上海科技大学副教授厉征鑫博士认为，姚君洲老师对于文化和艺术的探讨，将超越笼统而无序的陈述，以充分解构的艺术元素和清晰的时间、空间脉络为读者进行解读，给读者以全新的感观。姚君洲老师此著，将为读者展开一幅灿烂的画卷，带领读者细细品味，专业性和文化性兼容，艺术性和实用性兼得，此著可以窥见作者的独到见解，甚欣。

本书的出版首先感谢中国矿业大学建筑与设计学院副院长姚君教授和中国矿业大学出版社有关领导的大力支持，感谢蒋高明教授、李亮之教授、崔荣荣教授、杨小民研究员、孙法亮先生、王恺先生、岳凯先生、宋子扬先生、张秀萍老师、范宇师弟提供的帮助，感谢家人的关心和大力支持。本书在研究的过程中难免有偏颇和不足之处，敬请读者批评指正。

姚君洲

2017 年 10 月 30 于彭城